关系的真谛

做人、交友、处世

RELATIONSHIPS: TO ONESELF
TO OTHERS, TO THE WORLD

【印】克里希那穆提 —— 著 邵金荣 —— 译

九州出版社
JIUZHOUPRESS | 全国百佳图书出版单位

图书在版编目（CIP）数据

关系的真谛：做人、交友、处世／（印）克里希那穆提著；邵金荣译. -- 北京：九州出版社，2023.1
ISBN 978-7-5108-8828-1

Ⅰ. ①关… Ⅱ. ①克… ②邵… Ⅲ. ①人间交往－通俗读物 Ⅳ. ①C912.11-49

中国版本图书馆CIP数据核字（2020）第250594号

著作权合同登记号：图字01-2022-6054号

Copyright @2008 Krishnamurti Foundation of America
Krishnamurti Foundation of America
P.O. Box 1560, Ojai, California 93024 United States of America
E-mail: info@kfa.org. Website: www.kfa.org
想要进一步了解克里希那穆提，请访问www.jkrishnamurti.org

关系的真谛：做人、交友、处世

作　　者	［印度］克里希那穆提 著　邵金荣 译
责任编辑	李文君
出版发行	九州出版社
地　　址	北京市西城区阜外大街甲 35 号（100037）
发行电话	(010)68992190/3/5/6
网　　址	www.jiuzhoupress.com
印　　刷	三河市国新印刷有限公司
开　　本	880 毫米×1230 毫米　32 开
印　　张	4.25
字　　数	144 千字
版　　次	2023 年 1 月第 1 版
印　　次	2023 年 1 月第 1 次印刷
书　　号	ISBN 978-7-5108-8828-1
定　　价	42.00 元

★版权所有　侵权必究★

克里希那穆提教诲世界各地的年轻人,并在美国洛杉矶、英国和印度建立了多所学校。他说"当我们还年轻时,必须具有变革思想,而不应仅是徒劳地反抗……心理变革意味着不接受任何典范或榜样式人物。"

美国《时代周刊》把克里希那穆提与特蕾莎修女并提,称他为"20世纪最伟大的五大圣人之一"。

"我认为克里希那穆提对我们这个时代的意义是,他告诉我们要自己学会思考,而不应被外在的宗教和精神领袖所左右。"

——凡·莫里森　音乐家

"聆听克里希那穆提演讲或阅读他的作品,就如同置身晨曦笼罩的世界里一样,让我尽享清新和朝气。"

——安妮·莫柔·林德伯格,诗人,作家

"纵观我的人生,是克里希那穆提深深影响了我并帮我解开了自缚的枷锁。"

——狄巴克·乔布拉,医学博士

"听克里希那穆提谈话,仿佛聆听佛音一般——如此令人震撼,如此让人不由自主地信服。"

——阿道斯·赫胥黎

出版前言

克里希那穆提 1895 年生于印度，13 岁时被"通神学会"带到英国训导培养。"通神学会"由西方人士发起，以印度教和佛教经典为基础，逐步发展为一个宣扬神灵救世的世界性组织，它相信"世界导师"将再度降临，并认为克里希那穆提就是这个"世界导师"。而克里希那穆提在自己 30 岁时，内心得以觉悟，否定了"通神学会"的种种谬误。1929 年，为了排除"救世主"的形象，他毅然解散专门为他设立的组织——世界明星社，宣布任何一种约束心灵解放的形式化的宗教、哲学和主张都无法带领人进入真理的国度。

克里希那穆提一生在世界各地传播他的智慧，他的思想魅力吸引了世界各地的人们，但是他坚持宣称自己不是宗教权威，拒绝别人给他加上"上师"的称号。他教导人们进行自我觉察，了解自我的局限以及宗教、民族主义狭隘性的制约。他指出打破意识束缚，进入"开放"极为重要，因为"大脑里广大的空间有着无可想象的能量"，而这个广大的空间，正是人的生命创造力的源泉所在。他提出："我只教一件事，那就是观察你自己，深入探索你自己，然后加以超越。你不是去听从我的教诲，你只是在了解自己罢了。"他的思想，为世人指明了东西方一切伟大智慧的精髓——认识自我。

克里希那穆提一生到处演讲，直到 1986 年过世，享年 90 岁。他的言论、日记等被集结成 60 余册著作。这一套丛书就是从他浩瀚的言论中选取并集结出来的,每一本都讨论了和我们日常生活息息相关的话题。此次出版,对书中的个别错误进行了修订。

克里希那穆提系列作品得到了台湾著名作家胡因梦女士的倾情推荐,在此谨表谢忱。

九州出版社

英文版前言

克里希那穆提（1895—1986）是当代世界公认的伟大教育家和哲学家。他出生于印度南部，在英国接受教育，之后环游世界作公共演说，访谈各界名人、著书、创办学校，直至90岁高龄辞世前一直在不停地奔波。他自称不属于任何阶层、任何国家或宗教，不受任何传统的束缚。

《时代》杂志将克里希那穆提与特蕾莎修女等人并提，称他为20世纪五大圣人之一。

克里希那穆提的学说共被汇编成75本书，（包括700盘录音带，1200盘录像带）。截至目前，这些作品已被印制成400多万册图书，翻译成30多种语言，在世界各地均有销售。"既不接受任何精神和心理权威，也不标榜自己，"是这些作品的唯一主题。克里希那穆提说，人要摆脱恐惧、习惯、权威和教条的束缚，首先必须认识自我，唯有这样，才能重建社会秩序并真正进行心灵变革。我们的社会充满暴力和冲突，任何政治、社会和经济政策都无法将它变得美好，无法让人们彼此关爱、相互同情。人，唯有自己深入观察，而是不追随什么导师或有组织的宗教，才能在内心发生改变，进而变革这个社会。

作为一名具有独到见解的哲学家，克里希那穆提的学说吸引着社会各界人士，这些人有的思想传统，有的则思维创新，其中既有国家元首、杰出的科学家、联合国政要、各种宗教组织首领，也包括精神病学家、心理学家、大学教授，这些人无一不愿意同他倾心交谈。教师、学生和数百万来自世界各地的人们都在阅读他的书籍或聆听他的演说。克里希那穆提用浅显易懂的语言将科学和宗教联系起来，因此，他关于时间、思维、洞察力和死亡等主题的探讨，无论科学家和平民百姓都能领会。

克里希那穆提在美国、印度、英国、加拿大和西班牙都设立了基金会，这些基金会的宗旨很明确，就是继承并传播克里希那穆提的思想，但不借助权威阐释，也不神化他的学说和个人。

此外，克里希那穆提还在印度、英国和美国建立了多所学校。他认识到，教育不应只是让学生掌握学术和知识技能，而应致力于让他们理解整个人类及理解人类的头脑和心灵；教育不仅应教给学生谋生的技能，还必须让他们在领悟生活艺术中掌握学习的技能。

克里希那穆提说，"学校当然是人们全面了解生活各个层面的地方。学术优异绝对是必要的，但学校所承载的内涵要远多于这些。在学校，广大师生不仅要探索外部世界，了解这个世界，还要理解我们自身的思想及言行。"谈及他所致力的事业，克里希那穆提说："信仰要求不得，也请求不来。我们唯有抛开个人崇拜意识，不要追随者，不以任何形式、不带任何目的地说服他人，才能和他人站在同一平台、同一起点和同一水平上开展对话和沟通。"

美国克里希那穆提基金会 执行理事
R. E. 马克·李

引　言

我们生活在各种交往关系中，与他人、家人、世界、地球、宇宙都息息相关。

因为世间万物皆离不开交往，我们有必要了解什么是交往，交往的一切活动——与爱人、父母、朋友、老师和社会的——对自己和他人都意味着什么。

将所有个人的交往关系拼接在一起，就构成了社会。社会是我们的写照，由我们在交往中所扮演的不同角色组成。如果交往时气恼妒忌、野心勃勃、顾影自怜、压抑狭隘、独占欲强，社会就会变得疯狂。将人与人之间自私或深情、贪婪或大度的关系无限放大——正是我们目前所在的社会。如何交往会影响我们身边所有其他事物——人、动物、地球，甚至生物圈。所谓"近朱者赤、近墨者黑"，处世方法不同，结果亦会不同。

如果正视现实，我们大多能意识到自己其实很孤单。这种孤独感从何而来、因何而生，我们不得而知。即使是与家人、朋友，甚至是和男友、女友相处，我们依然会感觉无助、寂寥。即便是和最亲密的人在一起，我们也会想到自己，害怕被抛弃，没有安全感。结果，我们愈加孤独，变得更为依赖他人和万物，痛苦也随之而来。由于已经习惯了这些恐惧和痛苦，我们便忽略了，也从未受过这样的点拨：所有这些来自生理、文化和个人的习惯，其实都是可以改变的。的确，我们是从祖先那儿遗传了"强者生存"和"保护领属"的本能，那是作为动物曾有的习性；但是，大脑也赋予了我们智慧，让我们能决定何时适宜按本能行事，何时我们应该改变自己的言行。

奇怪的是，我们在学校似乎还没有受过类似的教育——即如何正确对待自己、他人、工作、金钱、社会以及这个地球和宇宙。为了安身立命，不论作为个人还是集体一员，我们都要与人打交道，因此你可能认为，老师或父母在坚持教我们阅读、写作、数学和计算机的同时，也应该教教我们如何处理人际交往。我们被教诲要去谋生，但该怎样生活却鲜有指导。所以，对于交往和生活的艺术，我们必须自己去研究。

我们必须研究什么是交往，什么不是交往，导致交往出现问题的因素有哪些。尽管我们看起来聪明、有教养，但内心可能却仍未摆脱残暴本性。真正的教育在于改造人的内心。恰当建立交往的关键在于了解自己的思维方式，即认识自己——能理解我们的思考和行为方式实际要受很多因素的制约，如个人经验、家庭背景、文化习俗、所在国家、宗教信仰、性别和生理结构。

如果你不了解自己的思维，无论思考什么都混混沌沌。不了解自己的喜好和生理或个人偏见造成的认知障碍，不知道自己为什么恐惧、伤痛、愤怒，没有能力看透或超越它们，那么，你所有的思考和随之展开的交往都将是茫然或有偏差的。毕竟，了解自己是建立交往关系的基础。

透过所能见到的大多数"镜子"——真实反映交往关系的"镜子"，你可以发现真实的自我。只要仔细观察自己在日常交往的细节，你就能了解自己是如何感受、都想些什么、怎样为人处世的。你可以通过自己对他人的不同反应，发现什么令你愤怒、什么能伤害到你，何时你会变得慷慨、高兴、精神勃发。记住，不要认为你的发现会一成不变：生活每时每刻都在变化，你也如此。注意到你的感受足矣，你不必付诸行动或以后亲身实践。人在气恼或有贪念时很难克制自己，但即便如此也不能说你有什么过错。毕竟，数百万年来，人类都在按攻击和猎杀的本能行事，重拟规则实在太难。但是，如果你能从气恼的那刻感悟出哪怕一点，也是蛮有意义的。这样你每次都感悟一点，我们生活气息中的"毒药"也会少一点。

了解自己、处事机敏会让你在生活和人际交往中游刃有余。你将不再任由骨子里的不安分肆意躁动。了解自己是生存的关键：人类在大脑功能上相似大于相异，了解自己就意味着了解其他所有人。

自私自利，个人、家庭和本国利益至上，这些制造分裂的"毒物"人们世代传承并以此造就了这个世界。这样的世界必须改变，否则我们将继续遭受相同的折磨。生命是博大的，如果我们只专注于"挖掘一个洞穴"，尽管舒适且可用于藏身，但我们将就此错过人生的整个精彩体验。如果我们因为担心失去安全感，就选择以同样痛苦的方式和人交往，那我们的生活与行尸走肉又有何异？我们必须做出选择，是走前人老路，忍受分离和孤独的痛苦，还是同旧有的自私自利做斗争，从此，沐浴着爱的阳光，跟所有人分享这份爱。

这些谈话录和作品全部出自一位超然世外的伟大旁观者：一个叛逆者、一位游吟诗人、一位宗教哲学家、一位有所建树的科学家和心理学家；一位在世界巡回讲学的伟大教育家。整整65年，克里希那穆提都在对所有倾听他的人宣讲心灵自由。他修建学校，让年轻人全面学习课程——包括了解他们自己。克里希那穆提在这些学校所教授的，也是他在讲话和作品中所倡导的，即内心的努力、外在的斗争都不能真正解放自我，解放自我的途径只有一个，即认识自我。

在这个世上，没有捷径、权威和导师可以跟随：你有能力认清自己，知道该如何处理生活、交往和工作。实践本书中所讲当然也得靠你自己。这就好比不能吃别人咀嚼过的食物你来体验一样，别人眼中的你，别人给予你该如何生活的建议，并不能实实在在滋养你，关键还要你亲自体验。本册书所选皆取自《克里希那穆提丛书》，都是报道过和录过音的谈话及公开演讲。

达里·卡尔森

英文版编辑

目 录

第一部分　人与人

第 1 章　什么是交往关系 / 3

第 2 章　爱、性和交往 / 13

第 3 章　恋人的交往 / 26

第 4 章　禁欲和纯洁 / 35

第 5 章　婚姻和友谊 / 37

第 6 章　你和教师、学校及教育的关系 / 40

第 7 章　你与父母、社会的关系 / 48

第 8 章　与自己的关系 / 56

第二部分　你和社会的关系

第 9 章　你和社会 / 67

第 10 章　什么是真正的宗教？ / 74

第 11 章　政府、军队和法律 / 80

第 12 章　种族、文化、国家 / 87

第 13 章　你和世界 / 91

第三部分　生活的目的是什么？

第 14 章　什么是生活？ / 103

第 15 章　你与自然界、动物和整个地球的关系 / 108

第 16 章　上帝、宇宙和未知 / 115

第一部分

人与人

第1章 什么是交往关系

1. 世间万物皆交往关系

所有的生命都在交往中运动。世间万物没有不与其他事物发生联系的。即便是去了某个孤独处所的隐者,也与他的过去及身边人有所关联。没有什么能脱离开交往关系。在交往中,我们仿佛在镜中照见了真实的自己,不仅能发现自己是谁,看到自己的种种反应、偏见、恐惧、压抑、焦虑、孤独、悲伤、痛苦、不幸,还能发现自己心中或世间是否有爱。交往是爱的基础,接下来我们将仔细分析与此有关的问题。

2. 交往是发现自我的途径

交往好比一面镜子,从中我们可照见真实的自己。那面镜子或是扭曲的,或是普普通通,能真实反映外部世界。但在日常交往时,我们透过那面镜子所见的大都是自己愿意看到的;我们倾向把所见的一切都理想化,对于事物的真貌,其实我们并未看到……如果仔细观察生活,仔细观察与他人的交往，我们发现生活实际是一个心生隔膜的过程。我们并非真正关心彼此，尽管这两个字常被挂在嘴边。只有交往让我们心生感激、给我们提供庇护、令我们舒适满意，我们才承认与某人有交情，一旦感觉不安或不舒服，交往便立刻中断。换句话说，只有感觉满意，交往才可能继续。这话听上去也许并不入耳，但如果仔细观察生活，你会发现事实本就如此……

如果深入观察生活和人们之间的交往，我们会看到生活其实是个建构对抗的过程，这种对抗好比一堵墙，我们隔墙眈望。不管这堵墙是筑在心里，还是实际存在，是因经济纠纷而起，还是因民族隔阂而建，我们都固执地守着这堵墙并藏身其后。如果我们藏在墙后彼此分离，相互间自然不会发生联系……世界如此混乱，我们都经历了太多的忧伤、痛苦、战争、毁灭、苦难，所以都想逃到安全的地方，久而久之，就逃回到自己的内心世界。因此，与人交往实际是与他们日渐疏远的过程，由这种关系构筑的世界显然也是人心阻隔的。"一个人被孤立于人群之外，他把渴求温暖的手伸过墙头……"，这样的景象在世界的每个角落都在上演。

3. 摆脱印象羁绊，方能真正交往

我们怎样理解交往这个词呢？交往是指我们与人有联系，还是交往只发生在我们创造的形象之间？你、我的形象都在各自心里。我有把你当作妻子或丈夫或其他角色的形象设定，你对我也有相应的形象期待。

这时，交往实际在两个形象之间进行。但是，若真正开展交往，必须去除已有的形象。只有你、我能彼此面对，之间没有横亘于记忆中让人感觉侮辱或其他的形象，交往方能开始。可是，若交往双方同为观察者，其真正本质不也是形象吗？若形象可以观察，我的形象观察你的，这样被称作交往，这种介于两个形象间的交往显然很荒谬，也是不存在的。因为，交往意味着相互接触，接触必须亲身体验，它不可能存在于两个形象之间。抹去他人在自己心中的形象，在记忆深处的形象——忘掉他如何侮辱过我、讨过我欢心、给过我快乐等等，需要极度专注，而且需要具有这样的意识才行。只有摒弃对方在心中固有的形象，交往才能真正开始。

4. 只有在交往中，才能逐渐发现我是谁

的确，只有在交往中，才能逐渐发现"我是什么"，不是吗？交往是一面镜子，从中可照见真实的自己。但是，由于我们对真我性情大都不太喜欢，便开始借鉴自己在实际交往中所觉察到的，积极或消极地约束自己。也就是说，对于交往中表现出的某些自认为不好的倾向，我们会设法改变。想改变，就说明我们已经认同了某种模式。这种模式一旦在心中确立，自己究竟是谁便很难认清。因为如果作了自我规划，告诉自己应成为什么样的人，该不该成为那样的人，订立了参照标准——我们就无法真正了解交往中的自己。了解这点真的很重要，我认为这也是大部分人都糊涂的地方。其实，在交往的特定时刻，我们并不在乎自己

是谁。如果只关心自我提高,我们就不可能真正了解自己。

5. 认识自己带你走出交往误区

既然问题来自个人成长的过程,这个过程又反映在对待事物、思想或他人的方式方法中,我们就有必要了解自己。不了解自己,思考就失去了真正根基。

6. 交往与安全感、依赖感

交往难免痛苦,这点我们在日常生活中颇有感触。但是,若交往时没有压力,仿佛进入舒服的睡眠状态,又好似吸食了鸦片烟,这样的感觉虽为多数人渴求,却不是真正的交往。对安逸的向往、对虚幻的追求总和事实相冲突。如果你承认这种幻觉,能毅然抛开幻觉,就会一心一意去了解什么是交往。但是,如果你在交往中追求安全感,这种对安逸和虚幻的变相追求只能让你白费力气——交往的最大特点就是它从不会给人以安全感。追求安全感只能掩盖交往的功能,必然导致言行乖僻、厄运连连。

的确,交往可以展现一个人的身心状态,是一个人表露本性、认识自我的过程。这个揭示自己的过程很痛苦,要求当事人不断调整心态、平复思绪,其间会有挣扎的痛苦,但却能不断启迪心智,让人心态平和……

可是，我们大都想躲避或者绕开交往中的痛苦和压力，转而选择令人满意、轻松、舒适的依赖感，没有挑战的安全感和没有危险的避风港。这样一来，对于不为他人着想的人来说，家人和其他交往对象就只是可以依赖的避难所。

当安全感在依赖中渐失，那段特殊的交往也走到了终点，人们开始建立新的关系，希冀找到持久安全感。但是，哪有什么安全感？依赖只能衍生恐惧。不理解安全感和恐惧因何而来，交往就会成为彼此的束缚，暴露彼此的无知。除非认识自己并调整思维，否则，活着就是挣扎和痛苦，满是苦闷却无法排解。

7. 交往方式创造了社会

我们对现在的交往有了些了解——满是竞争、挣扎、痛苦，或只是习惯使然。如果我们能完全而彻底地了解自己与某一外物的交往情况，就有可能把握与大多数，即与社会各个层面交往的尺度。否则，面对错综复杂的社会交往则会茫然无措。如果自己与他人或外物的交往基于需要和感激，那么和社会相处时也必然如此……与个人或群体打交道是否真的无所期求？这个问题值得探讨。如果交往是为了让人感激和逃避现实，或仅仅把它当作消遣，那我们就不可能认识自己。认识自己需要给予理解和关注，通过交往渐渐体会；换句话说，因为人活着毕竟不能没有往来，如果我们愿意深入研究并且亲身体验，就会加深对自己的认识，但是，如果交往是为了自己舒适、开心，或出人头地，则不可能认识自己。

8. 交往不只为求得安全感、愉悦感和感激

要是允许的话,交往会成为展现自我的过程。但由于我们都没有那么做,交往就成了仅是令人愉悦的体验。如果一心盘算着怎样利用交往为自己求得安全感,交往必会导致困惑和敌对。有没有可能在交往时人们不再有什么要求、希望和感激呢?

9. 只想不做,会让你陷入交往困境

你不能只是想着去爱。你可以想你所爱的人,但想法并不是爱,而且,渐渐地,心里默想会替代实际的爱……交往可以建立在想法之上吗?如果可以的话,交往就变成了自我封闭的行为,因此,不可避免会出现冲突、争吵和痛苦。

10. 爱不是感激

唯有存在爱,才会有真正的交往,但是,爱不是找寻感激。只有在忘我状态下,爱才会显现;只有到达最高境界的共享——完全共享,而非局限在一两个事物之间时,爱才会显现。

11．交往和依赖

交往大多基于经济或心理上的依赖。依赖会带来恐惧，导致占有欲，造成摩擦、怀疑和挫败感。经济依赖可以通过法律手段和相关组织的介入而终止，我此处重点要强调的是心理依赖。心理依赖源于对个人满足感和快乐等的需求。在这种不乏占有欲的交往中，一方感觉充实，富有活力和创造性；另一方因自己小小的希望之火被助燃而心存感激。占有欲强的一方害怕失去另一方，认为这样会失去令他感觉完整的源泉；这种恐惧感以及相伴而来的问题一并将他包围。因此，如果交往中存在心理依赖，一方一定在意识和潜意识里感觉恐惧，缺乏信任，这些常常隐藏在听起来让人开心的话里……

尽管一方依赖另一方，但仍然有不可侵犯、保持独立的渴望。交往的复杂之处在于做到如何相爱却不依赖，不发生摩擦和冲突；如何克服不愿与人交往的想法；如何从制造冲突中全身而退。如果我们依赖他人、社会或环境是为了幸福，这些因素就会融入我们的生活，变得必不可少；我们赖此求得心理上的安全和自在，对其中的任何变动都会极力反对。尽管从理智上，我们可能意识到生命是一个不断变动和异化的过程，我们有必要随之自我调整。但在感情上，我们却固守一些业已确立且令自己感觉欣慰的价值观；因此，内心总是在变化和希望永恒之间徘徊不定。这样的冲突有可能结束吗？

没有交往，生活无以继续。但是，生活被我们建立在私欲和占有欲之上，它已经变得如此可怕和令人痛苦。人能够付出爱却不占有对方吗？你可能发现，逃避、坚持理想和信念都不是解决这个问题的方法，真正的答案在于找出为何会有依赖和占有。社会只不过是我们自己的延展，如果能深刻理解自己怎样与他人交往，或许我们就会理解并处理好社会交往中的很多问题。被我们称作社会的环境是前辈们创立的；我们接受这个社会，因为要借此持续自己的贪婪、占有欲和幻想。这种幻想不会带来统一或和平；通过强制和立法而推动的经济统一不会结束战争；不理解人际交往，我们的社会不会太平。既然我们的交往基于占有欲，我们对占有欲的出现、起因和实际表现必须有清醒的认识。深刻领会占有欲产生的过程和随之引发的暴力、恐惧及种种反应，我们便会完整而全面地认识这个问题。单单这种认识就足以把我们从依赖和占有的桎梏中解脱出来。所以，交往中起协调作用的是我们自己，不是他人，也不是某个环境。

　　由此看来，在交往中产生摩擦的主要原因也在自己，自己是所有强烈欲望的宿主。如果我们能够认识到：首要的不是别人该怎么做，而是我们自己该怎样行动和反应；如果对那种行动和反应我们能深切领会，我们相互间的交往就会发生深刻而彻底的改变。在这样的交往中，不单肉体上的问题会得以解决，思想和感觉各个层面的困惑也能得到点拨。人只有表里如一，才可能与他人产生默契。交往时我们应牢记心间的不是关注别人，而是自己，但这不是说要将自己隔离于人群之外，而是要在内心深刻感悟出产生冲突和悲伤的根由。如果我们在心智或感情上依赖他人，必会产生恐惧，恐惧则导致悲伤。

12. 只要有依附,爱便无存留

与他人交往时我们有心理上的依赖感吗?此处我所谈论的不是身体上的彼此需要,那完全是两码事。我依赖儿子是因为我想让他成就我未竟的事情。他是我所有希望、愿望的实践者,是我不朽的化身和生命的延续。所以,我对自己的儿子、妻子、孩子和邻居们存在心理上的依赖,唯恐自己陷于一种无所依傍的生活状态。我不明白某件事的含义,所以去读书、与人交往、走入社会,希望由此找到属于自己的安全感、地位和尊严。如果我不依赖以上任何事物,那就会求助于我的经历,我的思维、我所追求的崇高。

根据心理学原理,我们的交往是建立在依赖之上的,这也是产生恐惧的原因。但要解决的问题不是我们如何不再依赖,而是去了解我们究竟依赖什么。只要有依附,爱便无存留。因为你依附于人,便只知依赖,不知道如何去爱……此处我所讲的不是你依赖送牛奶的人或者依赖铁路、桥梁等交通工具,而是指心理依赖——依赖某些观念、个人和财产,由此而产生恐惧。如果不了解交往,你就摆脱不掉这种恐惧感,只有关注到与交往有关的所有问题,即开始认识自我时,我们才能理解什么是交往。

因此,如何克服恐惧并不重要。你可以喝口水,之后忘记这回事。你可以去寺庙,在跪求中、在喃喃祷告或虔心膜拜中暂求解脱。可是,一旦离开那个环境,恐惧感便会又袭上心头。要让恐惧彻底走开,除非你能知晓如何与万事万物打交道,而体悟这些的前提是你必须认识自己。认识自己并非遥不可及;它从这里开始,从现在开始,从你如何对待为你服务的人、如何对待你的妻子和孩子们开始。交往是面镜子，从中你可见真实的、未加任何评判的自己，终止恐惧只有通过交往，生出非凡爱意也只有通过交往。爱不能培养；不能因想而生。如果你说"我打算表现一下自己有同情心"，那同情心只是想想罢了，与爱不同。爱是在没有察觉间、不知不觉地在我们全心投入交往的过程中产生的。那时我们的头脑平静，心中没有杂事充塞，爱就会自然而生。

第 2 章　爱、性和交往

1. 困扰我们的两个问题

　　我们始终纠缠于两个问题——爱和性，这两者一个是比较抽象的概念，一个是我们实际每天都有的生理欲求——这是千真万确的事实。首先，我们一起探讨一下，若作为实际存在而非抽象概念，爱指什么。爱是什么？仅仅是一种感官享受吗？一想来起便让人感觉快乐，一回忆便是那段能给人极大快感或性爱享受的经历吗？……没有所爱之物是否有爱？产生爱仅仅是因为你有了爱的目标吗？……爱是你内心所处的状态吗？

2. 什么是爱？

　　什么是爱？我们能借助语言和智力理解它吗？爱是不是用语言也无法描述呢？我们人人称之为爱的事物究竟是什么？爱是一种情愫？是一种情绪？爱有无"神圣"和"世俗"之分？当一个人心怀妒忌、仇恨或竞争冲动时，还会有爱吗？当人人都在心理上、物质上和外表上追求安全感时,是否有爱?不要赞同或反对,这个问题你也有份。此处,我们不是在讨论抽象意义上的爱,抽象的爱没有实际意义,你、我对爱都有一大套理论,但对到底什么是爱仍是弄不清楚。

有享乐、肉欲之乐,就会有嫉妒,就会掺杂占有和征服的因素,就会想着占据、掌握、控制、干预。看到事情这样复杂,我们相信一定存在一种神圣、完美、至纯、至善的爱,为此,我们苦思冥想,虔心向往、伤感激动、不知所措。因为琢磨不透人们所称的爱,我们不得已逃遁到抽象概念中,做些完全没有用处的探讨。说来说去,也还是局限于什么是爱、爱是快乐还是欲望、爱是不是只能个人独享不可能与众人分享之类的问题。

要理解什么是爱,我们必须认真研究有关享乐、肉欲之欢的问题,研究为什么凌驾、控制或压抑他人会心生快意的问题;爱是接受一个人的感情,就拒绝另一个人的吗?如果有人说"我爱你",这是否就排除了对另外一人的爱?爱是自私的还是博大的?我们认为,如果两个人相爱,这份爱不会惠及所有人,而如果一个人爱全人类,那他就不可能独爱其中特别的一个。这样的论述不是表明了我们已经知道什么是爱了吗?这是我们文化所特有的行为准则,或者说是个人的处事原则。所以,对我们来说,理解爱是什么比爱这个事实更重要;如此一来,我们就会知道什么是爱、爱应该怎么做、爱忌讳些什么。宗教圣徒们认定爱女人是完全错误的,这对人类来说很不幸。按照他们的解释,如果爱恋某人你就无法知晓他们对上帝的看法。因此,性成了禁忌,被圣贤们搁置一旁,但他们自己却普遍不胜其扰。所以,为了深入研究什么是爱,包括爱为何物,或爱应是什么,不应是什么,以及如何划定神圣和世俗之爱的界线,研究者必须首先抛开对此所持的观点和思想体系。我们能做到吗？

3. 什么不是爱？

提问者：爱对您而言意味着什么？

克：要回答这个问题，首先让我们先来探讨什么不是爱。爱是未知的，要走进它，我们必先舍弃已知。感觉自己无所不知的人不可能觉察到他自己也有不懂的问题……

爱对我们大部分人来说是什么？当我们说爱恋某人时，是什么意思？我们的意思是占有那个人。妒忌缘于占有，如果我失去了他或她会怎样呢？我会感觉空虚、失落，为此，我们将占有合法化；想从此心安理得地拥有他或她。然而，从拥有、占有那个人起，妒忌、恐惧和无穷无尽的纠纷便纷至沓来。可以肯定地说，这种占有不是爱，对吧？

显然，爱并非情愫。情愫和情绪，同属感受，都不是爱。一个信仰宗教的人为了耶稣或讫哩什那神，为了指引他的心灵导师或其他神人而泣，那仅是多愁善感、情绪激动而已。他沉醉于自己的感受之中，那是一个思考的过程，而思考并非爱。思考是感受的产物，因此多愁善感和情绪激动的人，都不可能知道什么是爱。而且，我们自己不是都很容易伤感和激动吗？这两种感受都只是自我情绪膨胀的表现。感情充沛不是爱，多愁善感之人一旦情感得不到回应或找不到宣泄的出口就往往变得残暴。而情绪易激动者则可能引发仇视、与人交恶、导致谋杀。一位感情用事、为了宗教而泪水涟涟的人，心中当然没有爱。

宽恕是爱吗？宽恕意味着什么？你侮辱我，我愤怒，将之深埋心底，然后，缘于冲动或后悔，我说："我原谅你了。"起初，我记着那份不悦，之后，我选择放弃。这意味着什么？这表明"我"仍是中心人物。只要有原谅的态度，那就说明，重要的是我自己，而并非那个被认为是侮辱了我的人。因此，如果我在内心积聚起仇恨，之后放下那份仇恨，这叫作原谅，不是爱。一个懂得爱的人内心没有憎恨，也感知不到所有与之相关的情感。同情、原谅、交往中的占有、妒忌和恐惧——所有这些情感都不是爱。他们都属于理智范畴，不是吗？……理智只能销蚀爱，不能产生爱，不能释放美丽。你可以写一首关于爱的诗，但那不是爱。

不论对方是给你提供服务的人抑或是朋友，若你不尊重他，对他没有真正的尊重，就不会有爱存在。在为你服务的人和那些所谓地位比你低的人的眼里，你并不是很有教养，既不和善，也不慷慨，这点你注意到了吗？对那些地位比你高的人，对你的老板、百万富翁、有豪宅和身居要职的人，你表现得毕恭毕敬，因为他们能让你升迁、令你工作改善，你对他们有所希求。但是，对那些在你之下的人，你却不屑一顾地一脚踹开……

只有所有上述事情停止、终止时，你才会理解什么是爱。在我们中间，有慷慨之心、能宽恕他人、心肠仁慈的人是何其少啊！你慷慨，是因为有利可图；你仁慈，是因为知道有所回报。只有打消这些念头，只有这样的想法不再控制你的理智，这类事情不再占据你的心头，爱才会现身；单单是爱——不管它成不成什么体系和理论，就足以改变这个世界现有的错乱和疯狂。

兄弟亲情，如仍在理性范畴内表现，那就不是爱。只有驱走了所有理性的因素，爱才能产生，然后，你将知道爱是何种滋味；然后，你才不会计较爱有多少，而只是体会爱有多么美妙。虽然你并没有说"我爱整个世界"，但是当你知道如何爱一个人时，你就会知道如何去爱所有的人。因为你若不知如何去爱一个人，我们的人性之爱就是虚幻的、不实际的。当你爱了，爱就不再是一个或多个的问题：而只是爱。只有当爱存在，所有的问题才能解决……

4．为什么性被搞得一团糟？

提问者：众所周知，性在我们肉体和精神上都是必需的，人人都离不开。但性似乎也是造成我们这代人私生活混乱的根源。那么，我们怎样才能处理好这个问题呢？

克：为什么无论接触什么，我们都搞得一团糟？我们为上帝困惑，把爱、交往、生活、性也变成了棘手之事，这是为什么？为什么我们所做的每件事都难以处理，令人恐惧？为什么我们痛苦？为什么性让我们苦恼？而又为什么我们情愿受苦恼的困扰？为什么这些问题我们无法解决？而为什么我们日复一日、年复一年地甘心忍受这些苦恼却不摆脱它们？性当然很重要，但首先要解决的问题是：怎么能让生活不再一团糟？工作、性、赚钱、思考、感觉、体验——生活中所有这些大事小情——为什么都成了问题？根本原因是什么？这是我们思考问题的角度特殊和一成不变造成的吗？

我们说与性有关的问题是指什么？是针对性行为本身来说的还是指

人们总是关注性这件事？此处当然不是在说性行为。对人来说，性行为好比吃饭，是再正常不过的事儿。但是，如果你整天只痴迷于一件事，不管是吃饭还是什么，你心无旁骛地只一心想着它，这件事对你来说就会变成问题。是性行为本身有问题，还是关注这件事有问题？为什么你会惦记这件事？为什么要进一步强化这么一件正常的事儿？电影、杂志、故事、女装，所有这些都在强化人们对性的欲念。为什么大脑会强化性意识，为什么人总会想起性？为什么性成了生活的重心？我们应关注的事情如此之多，为什么单单钟情于性？为什么性占据我们的心头？因为，性会让你获得完全的解脱和宽恕，不是吗？至少，在行肉欲之欢的时候，你可以彻底忘掉自我——性是忘掉自己的唯一途径。生活中你所做的其他每件事都在强调"我"，强调"自己"。你的工作、信仰、上帝、导师、政治和经济活动、休闲方式、社会交往，全心全意地忠诚于某个党派——所有这些都在强调"我"，这样一来，问题就来了，对吧？当能够让你彻底忘我和解脱的只剩下一件事，哪怕这件事仅能持续几秒，你又怎会放手？那可是让你快乐的仅有片刻呀！其他所有事情都是梦魇，都在折磨你，让你痛苦，所以你自然不会放弃能让你彻底忘我的那件事，你称之为快乐的那件事。但是，当你抓住它不放，它也会变成梦魇，因为云雨过后你总是想摆脱性，你不甘心受它奴役。所以，你又虚构出纯真、独身的概念，通过压抑欲望尝试独身、禁欲。而所有这些实际都是你在"凭空想象"，目的是想让自己断了对性的念头。这样一来你又是在特别强调"我"，要把"我"变得超凡脱俗，由此，你复又陷入琐事、困境、挣扎、痛苦之中。

如果你不理解人为什么会思考有关性的问题，性就会成为你生活中超级困难和复杂之事。性行为本身从来不是问题,但围绕这件事发挥想象就会生出事端。

5. 什么是欲望?

欲望是能量,我们必须了解它,不能简单地压抑,或强制它符合规范……如果你熄灭了欲望之火,就等于毁弃了发现真理所必需的敏感和热情。

6. 欲望不是爱

欲望不是爱,欲望产生快乐,欲望是快乐。我们不否认自己有欲望,声称要无欲无求地生活是极其愚蠢的,因为那根本不可能,这点已被反复证实了。不管我们怎样否定自己,折磨自己,欲望仍会绵绵不绝,依然会制造冲突,带来种种可怕后果。我们并不倡导无欲无求,但是我们必须了解欲望、快乐和痛苦的全部表现。如果我们能超越这些欲望、快乐和痛苦,就会感受到一种幸福和喜悦,那就是爱。

7. 欲望本身没有错

什么是欲望?当看到树木在风中摇摆,当看到那道风景秀美宜人,这有什么不对？看到鸟儿优雅地飞翔或扇动翅膀；看到一辆新车造型美观、打磨精细；看到一位友善的人面庞匀称，脸上显现出品位、智慧和美德，那又有何不妥？

8．"我必须拥有"的想法惹祸端

欲望从不停留。感知并非那么简单，伴随感知会产生某种情绪。随着情绪起伏而变得激动，你想用手触摸，用身体接触，之后占有的冲动袭来。于是你说：

"这太美了，我一定要得到它。"由此，欲念便如杂草般丛生。

当看到、注意到、观察到生活中或美或丑的事物时，你可以不说"我一定要有"或"我可不要"之类的话，而只是说你仅仅曾经注意到了什么吗？你懂我的意思吗？你是曾经认真地关注过你的妻子、孩子、朋友，还是只看了他们几眼就了事？当看到鲜艳欲滴的花朵，你是怎么反应的？是不是并没有惊呼着"玫瑰"，也没想过把它别在胸前或把它带给家里的爱人呢？如果能专注于事物本身，抛开附加其上的价值，你会发现欲望也并非可怕之事。当看到一辆小汽车，你不受欲望嘈杂的纷扰，而是静静地欣赏它的美。要做到这样，你必须细致地观察生活，不能只是不经意的一瞥。这不意味着你没有欲望，而是你用心看了却没作评价而已。人可以遥望月空但不立刻评说："看那轮明月，多美啊！"这样，赏月时就不会为月色如何美丽而喋喋不休了。如果能做到这样，你就会在深入观察、深刻体会和炽烈真情里发现爱，了解到爱与自相矛盾的欲望是多么不同。

9. 能否彼此相爱却不想着占有对方？

试着这么做，你会知道安安静静地用心观察是何等困难。当然了，爱的本质就是那样，不是吗？如果你的心沉静不下来，总是考虑自己，你又如何去爱呢？全身心地爱一个人，用脑、用心、用身体，需要极大的热忱，当爱得深切时，欲望旋即消失。但我们大多数人在意识和潜意识当中，从没对任何事物有过这份热情，除非事情关乎自己的利害，若不能从中获益，我们绝少为之动情。

10. 欲望是爱的开始

所以，了解欲望很必要。你必须"了解欲望，而不是无欲地生活"。扼制欲望，你会变得麻木。当夕阳西下，如果你感受足够敏锐，单单看到这番景象便是一种快乐。快乐也是欲望。如果看见日落你感觉不到快乐，那是你不敏感。如果你看到一位富人驾驶一辆大汽车并不感觉开心——不是从你想不想拥有那样的车，而是从你喜不喜欢看到有人驾驶大车的角度看——或者，如果你看到一个目不识丁的穷人身陷绝望，衣着邋遢，但却没有深切同情、怜悯和爱的感觉，那都是因为你不敏感。丢了那份敏感和知觉，你又如何能发现事物的真相呢？

所以，你一定得了解欲望……了解了欲望，便会有爱。我们大多数人都没有爱，不知道爱意味着什么。我们知道快乐，我们了解痛苦，我们知道快乐短暂，或许，快乐过后就是痛苦。我们知道性的快乐，知道获得名利、地位和荣誉的快乐……我们总是说着爱，但并不知道它的含义，因为我们不了解什么是欲望，而欲望恰是爱的源起处……

11. 激情从何而来？

要理解欲望，人必须理解、倾听内心和情绪的每次波动及思想、情感的每次变化，要学会观察；人要变得敏感，必须清楚自己的欲望。如果你诅咒或比较欲望，便无法感知自己的欲望。你必须尊重欲望，欲望会增加你的理解，理解则令你敏感。敏感的你不仅能感受到身边的美丽、污秽、星辰、笑容和泪水，也能感觉到心底的呼唤和秘密以及潜在的希望和恐惧。激情源自这样的倾听和关注。这种激情与爱相似。

12. 欲念丛生，烦恼将至

感觉有欲望是件快乐的事，思考可以让这份快乐持续。人总会想到性。你想着它，就给了它持续存在的理由。又或者，如果你记着昨日的痛苦、悲伤，你也是在持续体验那种感觉。因此，欲望越来越多是正常的，也是不可避免的。你一定有很多欲望，对这些欲望必须做出反应，否则你不成了行尸走肉吗？但还有一点很关键，你必须弄清楚那种感觉何时该持续、何时应终止。

所以，你要理解自己的思维方式，思维方式能影响、控制、决定你的欲望并让它持续下去，对吧？思维根据记忆等发挥这样的功能——但到什么程度我们现在还不知道。这里，我们要说的是：人通过不断思索和保持欲望来强化欲望——进而将其转变为意愿。怀着那份意愿及其相伴的快乐和痛苦我们继续生活。如果给我快乐，我会强化这样的意愿；如果令我痛苦，我则会抗拒。

因此，抵制痛苦或追求快乐——都能保持欲望……当你沉湎于欲望，欲望会带给你特有的痛苦和快乐，而你也被再次卷入恶性循环的怪圈。

13. 邪念使性沦为淫欲

在为某件高兴的事浮想联翩时，在刻画形象、构思场景过程中，是思想活动让快乐持续。思考产生快乐，但想象性行为就是动了淫欲，这与性爱完全不同。我们大多数人感兴趣的都是充满淫欲的激情。淫欲是指做爱前和做爱后依然性欲强烈。这种强烈的欲望是一种邪念，邪念不是爱。

提问者：没有欲望能有性吗？

克：这你得自己去发现。性在我们生活中非常重要，或许是人与人之间唯一深入而直接的沟通。在理智和情感上，我们遵守、模仿、跟随、服从。任何交往都难免有痛苦和冲突，唯独在两性交欢中没有。这种行为如此不同，如此美丽，我们沉迷其中，反过来也受它束缚。这种束缚来自对性的持续要求——好比要求一个中心点（欲望）持续作发散运动。人若在理智上桎梏自己，在家里和社区内不与人沟通，以社会道德、宗教处罚为由封闭自己，那么能从中体会自由和热情的，也就只剩下性这种关系了，因此就会对性特别关注。但如果给予充分的自由，人们就不会这么迫切地需要性，性也不会成为什么问题。因为总感觉在性上未得到满足，或者认为体验性是可耻之事，或者在享受性的过程中打破了社会常规，所以我们把原本简单的性复杂化了。在当今社会，性已经成为生活的一部分，称现在两性关系放纵的都是活在过去的人。只有把思维从模仿、权威、服从和宗教教条的束缚中解放出来，性才能自得其所，才不会让人放纵、沉沦。由此可见，自由对于爱来说是必需的——那不是反叛的自由，不是随心所欲做事的自由，也不是公开或偷偷沉溺于个人追求的自由，而是在了解欲望的全部构成和本质后获得的自由。那时的自由就是爱。

提问者：自由是许可吗？

克：不是。许可是种束缚。爱不是仇恨，不是妒忌，不是野心，不是伴有害怕失败的竞争心态。爱不是上帝之爱，亦非普通百姓之爱。爱不属于某个人，也非众人共有。当有爱在，不管有无爱的对象，爱都既可属于个人，也可以与个人无关。正如花香一般，个人和众人都可嗅其香味。真正要紧的是香味，而不是它为谁所有。

14. 爱的缺失让性偏离正轨

我们年轻时，都有强烈的性冲动，为了对付这种欲望，大多数人都试着控制和约束自己，因为我们明白，这种欲望若不加以控制，我们将变成色情狂。正规的宗教组织非常重视性伦理，但却允许我们以爱国的名义进行暴力和谋杀活动，允许我们恣意于妒忌和冷漠无情，允许我们追求权势和成功。为什么它们如此关注性这种特殊的伦理，却不去打击剥削、贪婪和战争呢？宗教组织作为人类所创造环境的一部分，之所以存在恰是有赖于我们的恐惧、希望、妒忌和不和睦，这不是明摆着的原因吗？因此，不论在宗教圣地还是其他地方，我们的思维皆受困于外化的欲望。

如果没有深入理解欲望的全过程，不论在东方抑或西方，现在的婚姻法都无法解答有关性的问题。爱的产生不会缘于签了一份合约，爱的基础不是彼此的感激之情，也不是认为能给予对方安全感和慰藉。一切皆因思维而生，这也是爱在我们生活中只占据了很小空间的原因。爱不是想出来的，爱与充满狡黠的算计，爱与自我保护的本能意识和反应完全不同。有爱在，性从来不是问题——出现问题都是因为缺少爱。

15. 性为何让我们放不下？

为什么脑中总会考虑有关性的问题？为什么？为什么性成了我们生活的一个重心。如果你不理解人为什么会不停地思索这一问题，性就会变得非常棘手而复杂。性本身很正常，但为此百般思量就会惹是生非。

第3章 恋人的交往

1. 恋人之间为何相互依赖?

在实际生活中,我们依赖邮递员、送牛奶的人和超市。但当提及依赖这个词时,我们意指什么?是否所有的关系都存在依赖?……

细细分析,我们就会清楚人为何会产生依赖感。一个人如果心灵空虚、自信心不足、身体羸弱、没有斗志、能力不够、思维混乱,就会依赖另一个人以弥补那些不足,弥补认知上的欠缺,以及在道德、智力、情感和体力上不堪独自一人承受的感觉。人有依赖感还因为人希望有安全感。孩童需要的第一件事就是安全感。大多数人都想拥有安全感,安全感暗含着舒适。当试图探究人为何在情感、智力和精神上依赖另一个人时,所有这些问题都会被问及。

我依赖你是因为你给我快乐、安逸、满足、安全、平衡、和谐,与我做伴,和我在一起。我们马上来检验一下这所说的是真是假。我在感情上、身体上、智力上或某些其他方面依赖你,在内心深处总感觉无助;认为自己被所有人排斥在外,这种孤立无援的感觉令我痛苦,也导致我迫切要求向他人求得认同感。请不要接受我所说的;让我们一起来做分析和调查，一起来检验这个问题。

2. 为何渴望与人相恋？

因为被孤立，所以我们试着向伙伴、朋友和身边我们可以依傍之人伸手求助。我们在智力、情感和身体方面及意识深处，总需要找到一种存在感，找到自己认同的一个人、一种信念、一个希望、一件事。因为我们如果凡事都以自我为中心，心里总不免感觉空虚、寂寞，变得不自信……迷恋上了某人或某种理念，在追随的过程中我们往往会产生不确定感，害怕我们所依附的事物不够强大，无法给我们安全感。所以，我们又变得妒忌、好斗，喜欢占有、控制，最终引爆争执。

你想要自由，我不让你自由。你想看其他人，我立刻变得迷惘、失落、妒忌、焦虑。这就是恋人交往的过程。与他人接触就是交往。但是，由于害怕与人交往，唯恐交往后仍是一个人品尝孤独，不想体会因此带来的焦虑，并且已经习惯了以自我为中心，所以，我实际上没有与任何人接触，只是独自一人在苦撑罢了。我怎能完全相信他人？……我对任何事都不确信，但却想把安全感完全寄托在另一人身上……

你抓住那个人，坚决不放手。但重要的不是放手而是找出你为什么要依赖他人。如果这个问题搞清楚了，问题也就迎刃而解。否则，你可能放开一个人，却会紧紧抓住另外一个。

3. 我们把它叫作爱

我们把它叫作爱，叫作保护；对它冠以很多滑稽的名字，但从没有真正去探查这究竟是一种什么关系。我们彼此交往是因为内心存在不确定感，是因为我们需要安全感，需要确信我们之间有关系。这是一种比肉体关系更深刻的、更微妙的依赖。如果我们互不依赖，那会怎样？我们将感到失落；我们将失去根基；我们将失去港湾，那个我们可以说"我回来了……"的港湾。

4. 激情还是淫欲？何为性之美？

无论我们何时构画享乐的形象，都一定不可避免地是淫欲而不是激情奔放。享乐为主导，那必是淫欲。如果为享乐而体验性，那是淫欲；如果出于爱，则不是，尽管其间也可能伴有强烈的快感……性之美在于忘我，对性念念不忘是在肯定"自我"，是享乐……

提问者：激情本身是什么？

克：激情与快乐和喜悦有关，但不是享乐。在享乐中总会有些许努力——如追寻、渴求、要求、努力保有并获得。在激情中，没有丝毫要实现什么的想法，因此既不包含挫折也不会有痛苦。激情是"自我"的解放……是生活的精华。正因为有了激情，生活才生气勃勃。但是，一旦出现占有和不放手的苗头，激情就会消失。

5. 为什么性如此重要？

如何能巧妙地满足性欲，又不被它纠缠呢？

首先，我们要弄清楚性意味着什么？是单纯的肉欲行为？还是让人兴奋和刺激的想法强化了那种行为？

为什么单单是性，成了困扰我们的问题呢？……性的确是个问题，因为在做爱过程中自我似乎完全消失了。那时你无疑是快乐的，不再有"自我"意识，再多描述些——就是在忘我时，肉体的融合让你感会到了纯粹的快乐——自然而然，性就变得最重要了，不是吗？性能给你纯粹的快乐，让你完全忘记自我，欲罢不能。现在，我们再来看看为什么人总会有更多性的欲求。因为，无论在哪儿陷入财产纠纷、与他人发生争执或同某个观点产生分歧，哪儿就会有冲突、痛苦、挣扎、悲伤……其他的只能徒增你的悲伤，唯有性能给你快乐，你当然会对它需求不止……所以，问题不在性，而在于如何解放自我。你已经体验过那种无我的状态了，哪怕只有几秒，仅有一天……因此，总会不断渴求那种解放自我的状态……但需要指出的是，除非你能解决冲突所包含的全部内容，否则，这种试图通过性来释放自我的行为会变得非常可怕……

6. 爱不仅仅是性

我们怎样才能获得爱？当然，爱不只在头脑中，也不仅仅表现为性行为，爱超出想象之外……

只有当完全忘我时才会有爱，而且，为了得到爱的护佑、解放自我，人必须理解什么是交往。这样当爱也在时，性行为才会别具意义。那时，做爱才不是解脱，亦不是习惯使然……爱变成了一种常态。

7. 同性恋、异性恋都客观存在

许多人都很难接受同性恋这件事。几个世纪以来，教育者都极力回避这个问题……这一问题数千年来的遭遇历来如此……但是，如同异性恋普遍存在一样，存在同性恋确为事实。但我们为什么对之如此大惊小怪呢？对于异性恋，我们一点不认为有什么不正常，但对同性恋却难以接受，对吧？同性恋的存在的确是事实。所以，我们能否从不同的角度来看待同性恋和异性恋呢？我们不要只责难其中之一，或认同一个却拒绝另一个，而应探讨为什么性爱对于同性恋也好，异性恋也罢，如此重要。

8. 何必对性取向耿耿于怀？

自由的思维和灵魂不会制造问题，人在思维上不受束缚，对出现的问题总能面对并将其迅速解决…… 存在问题的是男人和女人之间的交往，以及男人和男人之间的感情。这个国家的同性恋越来越多，到处都是，但这并不意味着其他国家就没有。对于这件事，你可以看，可以观察，但不要试图改变它、引导它，不要说什么"不应该这样"或"必须那样"或"帮我克服它",只要观察就好了。你改变不了那座山的轮廓,改变不了那只鸟的飞翔轨迹,改变不了河水的快速流淌,所以,只是观察它,发现它的美就够了。但如果观察后你说"那座山没有我昨天看到的美",则说明你根本没有欣赏,你只是在比较而已。

9. 分享和交流思想的意义

生命在交往中持续前行。如果一个人很警觉,能觉察到周遭世界发生的变化,就必须对这种变化做出解释,而且解释不应停留在某个特定层面——如科学的、生理的、传统的、求知的——而应在各个层面都做剖析,否则,这种发现就无法跟他人分享。

你知道分享这个词所包含的意义深远。我们可以与他人分享金钱、衣物,如果有少量的食物,也可能会分给他人或与人分享。但除此之外,我们几乎不可能再和他人分享什么了。分享不仅指交流信息——即理解话语的真实意思和引申含义——还指交流思想,这种分享堪称世界第一难。或许,我们非常擅长与人沟通我们所有的、想要的或者希望拥有的,但彼此分享思想或感情则是一件非常困难的事。

因为交流思想意味着说话者和倾听者都必须热情、专注,交流时双方必须同时到达相同的认知水平,心理也处于开放状态,既不接受也不拒绝,而只是积极地倾听。唯有这样,思想才可能互通,对同一件事才可能产生相同的感受。相对来说,与大自然融为一体比较容易。如果你(即观察者)和被观察者之间不存在语言和智力方面的障碍,交流思想是有可能的。但是，交流的双方应进入一种状态，或可称作喜爱，一种热情饱满的状态，直至两者能同时到达相同的认知水平，否则，就不可能有什么沟通——尤其是交流思想，这种实际上要求双方共享的事情。交流思想具有神奇的魔力，正是这种心灵的相通，这种充满热忱的状态，才真正改变了人的整个身心。

爱——如果现在我可以使用这个词而不用赋予它特殊含义的话——只有当与人分享时才可能出现，而且前提是双方投入的热情程度和非语言沟通同时到达相同的水平。否则，产生的就不是爱，而只是情愫和情绪这两种毫无价值的情感。

我们在平日——不是精彩的瞬间，而是平日——都在传递信息、倾听他人和相互理解。对大多数人来说，倾听是最难的。这是一门伟大的艺术，比其他任何艺术形式都伟大。我们大都只关注自己的问题、思想和见解——总是喋喋不休地讲些关于自己的不足、幻想、传奇和抱负，因此对他人几乎不曾倾听过。人不仅几乎从不关注他人说的话，对群鸟、落日和水中倒影常常视而不见，也几乎从没有注视和倾听过他人。如果知道如何倾听——这需要非凡的能力——那么，在倾听的过程中，你和交谈者就能达到完全的思想交融；此时，话语本身及其意义和其结构也就微不足道了。这样，你和交谈者就能够完全分享所谈之事的对与错。对我们大多数人来说，虽然倾听很难，但唯有在倾听中人才能学到更多。

10. 不应理所当然地利用朋友和情人

交往若基于相同的需求必然导致冲突。但是，为了各自的目的，我们不惜相互依靠、相互利用。交往的目的清清楚楚，但交往能走多远我们却无法预测。你、我可以相互利用，但在利用的过程中，不知不觉就会断了联络。社会若建立在彼此利用的基础上，必是在孕育暴力。仅仅为了一个明确的目的，我们利用他人，这个目的，不仅阻碍了交往，也阻隔了人心。这种利用无论多么令人高兴和欣慰，我们心头总难免恐惧。为了逃避这种恐惧，我们渴望占有，占有则导致妒忌、怀疑和持久冲突，这样的关系必然永不会带来幸福。

若社会建立于需求之上，生活在其中的人们必会在生理和心理上感觉冲突、困惑、痛苦。你的交往情况可折射出社会的现状，在其中，需求和利用都普遍存在。当你为了某种生理或心理需求而利用他人，实际上并没有和他发生交往；因为你和他并没有真正接触，彼此也没产生情感共鸣。当你为了自己的便利和安逸而无情地利用他人时，又怎么可能与他情意相通呢？所以理解日常生活交往的意义是至为重要的。

11. 被爱与去爱

在我们年轻时，爱和被爱都十分重要。可惜，我们大部分人似乎既不爱别人也没有被爱过。我认为，在年轻时，我们有必要认真思考这个问题。因为很可能就是因为我们年轻，才能敏感地感觉到爱，能体会到爱的真诚和浓郁。或许，一旦韶华逝去，这种体察爱的能力就失去了。因此，让我们这样来看这个问题——即，不是你不应该被爱，而是你应该去爱。什么意思？爱是终极目标吗？爱遥不可及吗？我们每个人偶尔都能体会到爱吗？去感受爱，去认识爱，去了解什么是同情和理解，去自然而然不带任何动机地帮助别人、善待他人、慷慨待人，有同情心，照顾无家可归的小狗，同情贫苦的村民，对朋友宽宏大度，这是我们所说的爱吗？或者说爱是永远没有仇恨，只有宽容吗？我们在年轻时不可能感受到爱吗？年轻时，我们大多数人的确有这种感受——常常流露出对穷人、流浪狗等弱势群体的同情。这种感受不应该持续呵护吗？你难道不应该偶尔去帮助别人，去照看一下小树、花园，去别人家或旅馆做帮手吗？当你逐渐长大，会发现自然且没有动机地关心和体贴他人——不是故作或勉强地——会给你的生活带来无比的幸福。因此，还很年轻时，你应该去品尝品尝这种真感情到底是何种滋味。爱不能借助外力形成；你必须心中有爱，那些照顾你的人，如你的监护人、父母、老师，也一样要心怀爱意才行。很多人并没有得到过爱。这些人关心自己取得的成绩、自己的渴求、成功、知识以及还没有得到的。他们将过去编织成如此庞然"重物"，以致最终压垮了自己。

所以，当还年轻时，请务必打扫房间，请务必去照顾栽种的小树吧。这样，你就能体会那种感觉，那种包括同情心、关爱、慷慨在内的微妙感觉。慷慨是完全的给予——并非在心中盘算这个想法——它意味着你将自己仅有的一点点都给了他人。如果不是这样，如果你在年轻时没有体验到这些，老了就很难感受到了。如果你心中有爱，如果你是慷慨、友善、温柔之人，或许你也能唤醒他人心中同样的感受。

第4章 禁欲和纯洁

1. 禁欲仅仅是控制而已

人总试图达到……一种极乐状态，试图发现真理……人还通过种种方式——约束、控制、自我否定、禁欲、节俭……折磨自己。

纵观东西方的所有制度，其表现出来的都是永恒控制和扭曲人性，目的是让人遵守牧师或圣书制定的规则。所有这些可悲之事的本质皆为暴力，这种暴力不仅体现在否认肉体方面，还体现在否认所有形式的欲望和美上……

2. 发誓禁欲是在徒劳浪费精力，但这并不意味着你可以纵情声色

你发誓……压抑、控制，整个人生都在不停地与自己做斗争，去履行诺言。看看你浪费了多少精力！沉溺于此不也是一种精力的浪费？克制欲望更是贻害无穷，那份努力不仅沦为压抑、控制，它还扭曲了你的

思维,让你丧失了自我……

3. 禁欲是控制,贞洁才是爱

只有当爱存在才有贞洁可言,没有爱,就没有贞洁。没有爱,贞洁便成了淫荡的另一种形式……因此,有爱在,贞洁就在。从此,生活便无忧,人生也会完全在爱意满满中度过,那样的改观将令你的生活焕然一新。

4. 有爱在,性便自得其所

人若备受克制和压抑便无法体会爱的滋味。如果我们身陷这种习惯和感知的泥潭无法自拔——精神或肉体的,心理或感官的——就不会知道什么是爱…… 只有心不再为恐惧负累,只有丢弃一成不变的感知习惯,只有心中充满慷慨和激情,我们才能感受到爱,感受到纯洁无瑕的爱。

第 5 章　婚姻和友谊

1. 囿于个人成见，我们从未向人敞开心扉

我们都需要有人相陪，由于生理需要，都想有性伴侣。而且，我们也想依靠个人，从中找到安全感，给自己多些安逸和支撑。因为无法忍受孤独，承受不住一个人奋斗的辛苦，所以我们说，我必须结婚成家或找个朋友……我必须得找个人，找个让自己无拘无束的人。但是，我们把自己闭锁在自己的思想世界，被自己的苦恼折磨，为实现自己的抱负不断努力……因此，我们实际上从没向任何人敞开过心扉。人生本来就很孤独，生命原本也非常非常复杂和苦恼，所以，我们每个人都需要可以倾吐心声的伙伴，每个人都害怕独自承受。如果结婚了，你不但会有共享"性"福之人，还有属于你们的孩子等等。在男女相处的关系中，如果没有爱，就是相互利用，相互剥削……

所以，要探究如何才能与另外一个人相安无事地一起生活……我们必须有足够的智慧和健全的人格。

2. 关系意味着接触

关系这个词意味着彼此接触，有与他人在一起所带来的完整感。这种完整感体现的不是彼此分离的两个个体走到一起而感觉完整了，而是这个词本身就有互不分离的感觉……

我们从没有体会过这个词所饱含的深义吗？世上能有那种美好的，如大海般宁静和深厚的情谊吗？

3. 恋人关系就如绽放的花儿般美妙

如果你感受到了情人关系那如花儿盛开般的美妙，感受到了它的不停变动——并非处于凝滞状态，而是活生生的——你就不会把"这枝花"随意地放进纸箱，说"就这样吧，侍在这儿好了"——此后，我们可能追问：婚姻到底是什么？人与人可以同居、发生性关系、做伴、牵手、交谈……

责任才是重要的，对吧？我对与我同住的人负责任，但我不仅对我的妻子有责任心，对世间所发生的其他事也心怀责任……

如果我有孩子，如果我全心全意地爱他们，对他们的一生负责，他们也必须一生对我负责。我必须看到他们接受正规的教育，而不是遭受战争的宰割……除非一个人有这份爱心，否则任何事情都免谈。

4. 习惯只能戕害爱

只在相当少数彼此相爱的人之间，婚姻关系才是有意义且牢不可破的。他们走到一起不仅仅是习惯或者权宜之计，也不是基于生理和性的欲求。那份爱是无条件的，两个独立的个体因此合二为一……

但对大多数人来说，婚姻关系并非是彼此融为一体的……你生活在自己的世界里，她生活在她的世界中，你们习惯于这样在性方面获得快乐……

爱不是习惯使然；爱让人高兴，富有创意，给人新鲜感，与习惯截然不同。但是，如果你无法摆脱习惯，与他人因习惯建立的关系必然也死气沉沉……因此，作为一个在情侣关系中有责任心的一方，你必须做点儿什么……只有心有所悟，才会有所行动。

5. 是爱促使你与恋人性接触，因此不会噩梦相随

对于两个既聪明又敏感的恋人来说，难道就不能给予彼此自由，放弃以自我为中心，永远相亲相爱吗？相互抵触不是恋爱的感觉，恋爱中人绝对不会感觉满腹苦水。恋爱中无所谓浪费精力。只有以下这些心态——嫉妒、占有、不信任、犹疑、唯恐失去爱情、缺乏自信、没有安全感，才会耗神费力。当然，与所爱的人做爱也一定是因为爱，所以不会噩梦相随。当然如此。

第 *6* 章　你和教师、学校及教育的关系

1. 你为什么接受教育？

你可曾想过为什么要接受教育吗？你为什么要学习历史、数学、地理和其他知识？你可曾想过为什么要去上学吗？找出你被填塞了这么多信息和知识的原因不是非常重要吗？这些所谓的教育都是些什么？父母把你送到这儿，或许是因为他们自己已经通过了某些学科的考试并获得了很多证书。但你可曾问过自己为什么要来这儿？老师们知道他们来这儿的原因吗？你是不是应该知道所有这些努力的目的是什么呢？——为了学习？通过考试？在异地安居乐业？自如地应对人生险恶？等等。对于这些，你的老师是不是应该帮你深入调查，而不应只是强调应准备并通过考试呢？

男孩子要通过考试，因为他们知道将来必须得找份工作，养家糊口。那女孩儿们为什么要通过考试呢？受教育是为了找一个条件更好的丈夫？不要笑，要好好想想这件事。父母把你们送去学校是因为你在家里碍人眼吗？通过考试你就会理解人生的全部意义吗？有些人很擅长考试，但这并不意味着他们就聪明。另外一些人虽然不知道怎么考试，但

在看问题上可能比那些只会为通过考试而死记硬背的人更深刻。很多男孩子学习就是为了找份工作,那是他们的整个人生目的。但是找到工作后又怎么样呢?他们结婚、生子——余下的人生将陷于机械的生活中,不是吗?他们成了小职员或律师或警察,他们为了老婆、孩子总是在挣扎,甚至直到离世前都在不停奋争。

对你们这些女孩儿们又会发生什么事?你们结婚——那是你们的人生目标,正如把你嫁出去也是你父母所牵挂的一样——之后,你们有了孩子。如果有了点儿钱,你们则关心……自己的脸蛋够不够漂亮;你们担心与丈夫吵架,你们在意别人讲闲话。

所有这些你们都看到了吗?在家庭生活和社区里都体会到了吗?你注意到日子都是怎样过的了吗?对于教育的意义、你接受教育的理由、父母让你受教育的原因、他们苦口婆心跟你们讲教育在这个世上是怎么回事,所有这些,你不应该多问几个为什么吗?你可能能够阅读萧伯纳的剧作,你可能可以引用莎士比亚或伏尔泰或一些新派哲学家的名言,但如果你人不够聪明,没有想象力,那教育又有什么意义呢?

所以说,教师和学生探索如何变得聪明睿智是很重要的。教育不仅在于教导学生读书,让他们通过考试,这点只要头脑聪明的人都能做到,还主要在于培养他们的聪明智慧,不是吗?我所说的聪明智慧不是狡猾,或为了超越他人而耍小聪明——那当然是两码事。人无所畏惧时才能聪明睿智。你何时会感到恐惧?当想到人们可能议论你,或父母可能会数落你时,你会心生恐惧;你害怕被批评、遭到惩罚,害怕考试不及格。当老师指责你时,或当你在班级、学校或所在的环境不受欢迎时,恐惧会慢慢潜上心头。

显然，恐惧是阻碍智慧增长的因素之一，不是吗？教育的主旨当然是帮助学生——包括你和我——去体会和理解恐惧的成因，帮助受教育者从童年时期起就摆脱恐惧。

2. 真正的教育不只助你建功立业，还能帮你理解人生

正确的教育关注个人自由，单单这点就能引导整个社会和多数人真正协作，但获得这种自由的途径并不是追求个人强大和成功。自由源于对自己的了解。

认清自己，思维就会彻底超越因渴望安全而产生的种种心理障碍。

教育的功能就是去帮助每个个体发现这些心理障碍，而不能只是强行将新的行为准则和思维模式施加于人。强加于人的东西除了令人感觉更加受束缚外，从不会唤发人的智慧、开启有创造性的理解。当然，这种情况随处可见，这也是为什么新问题总是层出不穷的原因。

只有当我们开始深刻理解人生的意义，才说明教育真正在发挥功能；但为了能做到那样，我们必须摒弃贪图回报的念头，以免自己因此变得恐惧和顺从。对于孩子，我们绝对不能把他们当作私有财产，否则，我们所营造的社会环境就会处处唯利是图，寻不到爱。

3. 正确的教育方式

再正确的教育也不可能面向全体。若要学习，每个孩子都需要有耐心、反应快、智力正常。教育者要观察孩童的喜好、能力和秉性，了解他的一些困难，并且将其遗传因素和来自父母的影响考虑在内，而不能简单地把他归为某类人——所以，教育者必须头脑敏捷、善于变通，不被任何思想体系或偏见所左右。此外，教育者还要善于处理问题，热衷于教书育人，这其中首要的是要有同情心。但是，我们现在面临的主要问题之一是到哪里去寻找这么高素质的教育者。

崇尚个体自由和发挥个人才智的精神应贯穿学校教育的全过程，只偶尔随便提及自由或智慧之词起不到什么作用，对那种做法我们不应抱有太多侥幸心理。

尤其重要的是，学生和教师应定期会面讨论所有与集体利益相关的事情。委员会应该由学生组成，有老师代表参加，大家在一起反复研讨，就能解决所有与纪律、卫生、食物等有关的问题。不仅如此，这样做对于引导那些有自我放纵、冷漠或固执倾向的学生也可以起到帮助作用。

学生代表应是执行决定和协助全面管理的学生。在学校参与管理可以为将来在社会上管理自己做准备。如果孩子上学期间就能在日常讨论中学会为他人着想、不受个人情感影响、反应机敏，那么，随着年龄的增长，他就能更加有效而理智地面对重大人生考验。学校应该鼓励孩子们去理解彼此的困难和喜好，让他们熟悉各种各样的性情和脾气，这样，他们长大后，就能在与人相处时更为体贴和有耐心。

同样，崇尚自由和才智的精神也应体现在对孩子的学习中。如果我们想让他有创造力而不是仅仅被动地吸收知识，就不应鼓励他接受公式和结论。即使是在理工科的学习中，也要与他进行推理，帮助他以全局眼光看待问题并运用自己的判断力。

如果教育者注重个人自由，不囿于个人成见，他就会鼓励孩子去了解周围环境，去了解自己的性情、宗教和家庭背景以及所有可能影响他的因素，以帮助他发现自由。

4. 发现自己的兴趣

正确的教育也应帮助学生发现他对什么最感兴趣。如果找不到自己真正喜欢的事业，他的整个人生就好比被荒废掉一样，而从事自己不想从事的职业势必会让他产生挫败感。

如果他想成为艺术家，却阴差阳错蜗居在办公室做了小职员，他的整个人生将在抱怨声中抑郁地度过。因此，重要的是，每个人要先找出自己想要从事什么，之后去考察那样做是否值得。一个男孩子可能想成为士兵，但在他从军之前，我们应帮助他发现军旅生涯是否会对整个人类都有裨益。

正确的教育不仅应帮助学生发挥自己的才能，还应该让他了解自己对什么最感兴趣。在战事频仍、充满幻灭和苦难的当今社会，人必须有能力建构新的社会秩序，改变现在的生活方式。

建设和平、开明社会的职责主要落在了教育者的肩上。由于情绪上不会因此而变得激动不已，教育者推动这种社会变革的机会显然很大。

正确的教育不依赖于任何政府的条文或者任何特殊方法；正确的教育就在我们自己手里，在家长和教师们的手里。

如果父母们真的在乎孩子，他们应该建设一个全新的社会，但大多数父母对此根本不在乎，对这个最为紧迫的问题他们总是缺少时间。他们有时间去赚钱，去玩乐，去参加仪式或去做礼拜，但却没有时间思考什么样的教育对孩子来说才是正确的。对这一问题，大多数人都不愿意面对。面对意味着必须放弃自己的玩乐和消遣，他们当然不愿意。因此，他们把孩子送去学校，而那儿的老师也跟他们一样，根本不在乎什么是正确的教育。他们为什么要在乎？教书对他们仅仅是份工作而已，一种谋生的手段罢了。

如果深入观察世界，我们就会发现它被建构得是何等肤浅、虚伪和丑陋；我们装点出光鲜的外部世界，希望每件事都能如愿。但可悲的是，大多数人或许除了赚钱、争权夺利或追求性刺激以外，对生活并不十分热忱。他们不想面对人生中其他复杂的状况，这也是为什么当孩子长大后，他们也像父母那样不成熟，人格不健全，总是为难自己且总与这个世界作对的原因。我们如此轻易说爱自己的孩子；但当我们接受现存的社会环境，当我们不想为这个支离破碎的社会带来任何根本性改观时，我们在内心真的有爱吗？如果我们指望让专家来教育自己的孩子，这种困惑和苦恼就将持续；因为专家关注的只是部分而非整体，他们自己在人格和知识体系上也是不完备的。

现在，教育并不是最受尊重的职业，从教者的责任感也不是最强。教育遭到轻贱，大多数从教者忙于日常事务，他们只是传达信息，并不真正关注受教育者人格是否健全和如何开发他们的才智；一个对周遭世界浑然不觉而只知道传递信息的人是不配被叫作教育者的。

教育者不应仅传授知识，教育者还应指明通向智慧和真理之路。真理比教师（传授知识）更为重要。要创建一个社会，我们每个人都必须是真正的教育者，也就是说我们应既是学生又是老师，我们必须教育自己。

5. 自由源自脱离旧有环境，不再遵从条条框框

孩子每时每刻都在受影响，不是吗？对他的影响，不仅来自你和我，还来自他所处的环境、所上的学校、当地的气候、所吃的食物和所读的书。如果他的父母信仰天主教或共产主义，他的信仰也同样会被刻意地塑造和熏陶，每位父母和老师都热衷这么做，只是方式不同而已。如果我们能意识到这些多重影响并帮助孩子了解这些，那么他长大以后就不会被其中的任何影响所束缚。因此，重要的当然是帮助孩子全面开发智力，防止他在成长过程中因受多种因素制约而成为基督徒、印度教徒或典型的澳大利亚人。为了实现这一点，教师或家长必须认识到从一开始就应充分给予孩子自由。

自由不是纪律约束的结果；头脑若受到制约或这种制约还在进行时，就不会有什么自由。只有你我都知道所有影响我们思维的因素并帮助孩子也真正意识到这点，让他不至于陷入其中任何影响时，自由才会来到身边。但大多数父母和老师都认同孩子必须遵守社会规范。如果他不遵守该怎么办？对大多数人而言，遵守是必须的，本质不就如此吗？为了适应文明、文化制度和他周遭的社会习俗，我们已经欣然接受"孩子必

须自我调整"的思想。我们认为这理所当然。通过教育我们帮助孩子遵守社会规范，帮助他们调整自我以适应社会。

但是，有必要让孩子为适应社会而调整自己吗？如果父母和老师都认为自由是必须的、必要的，孩子不必只服从社会的条条框框，这样，当孩子长大后，他就会知道那些制约他头脑的各种因素，意识到自己根本不必遵从现今这个充满贪婪、腐败、强权、教条和权威见解的社会，这样一来，我们就能建设一个完全不同的社会。

理想国将在未来某天出现，这件事理论上看起来美妙，但实际却行不通。教育者们恐怕和父母一样，也该被教育一番才行。如果我们只想着影响孩子并让他顺应某一特殊的文化或社会习俗，就是在无限复制现在的状态，这样的话，存在于你我之间的斗争就会继续，相同的苦难也将持续。

第7章 你与父母、社会的关系

1. 父母究竟需要什么?

一般来说,父母都希望孩子接受教育以融入社会,调整思想去适应社会,这实际也是父母在帮助孩子们谋生,帮他们为某项职业做准备。他们希望教会孩子们通过考试,希望他们在获得学位后,有份体面的工作,在社会谋得一个稳定的职位,这几乎是天下所有父母都关心的。

这就带出了一个复杂的问题:父母和老师信奉的是什么文化或他们生活在怎样的社会背景下?意思就是,要真正去调查并搞清楚社会是什么,教育是否只是在引导孩子按常规去服务社会。从另一方面来说,当孩子长大离开大学校园后,他们应该反社会吗?他们有能力创造一个全新的社会吗?作为父母,我们要的到底是什么?

2. 教育的社会意图

评论:有件事是我们不想看到的——即一位年轻人在学费昂贵的学

校接受良好教育后,只知从社会索取安逸。这样的人对社会无所回报,正是他们让这个国家变得赤贫。

克:这是在说,教育如何能帮助学生从孩提时代、青少年时期,一直到成年都不反社会?……此处我们谈论的是如何教育他不逾越常规。如果他遵从社会规范,立身行事循规蹈矩,我们就称其为社会精英,但一旦他打破常规,我们就会说他反社会。

所以,我们可否说教育的功能就是塑造学生让他们适应某一特定的社会呢?或者说教育是应该帮助孩子理解什么是社会,了解其间的腐败、毁灭和分裂性因素,在弄清社会发展的整个进程后,加快前进的脚步(走在社会发展的前面呢)?与社会步伐不一致并非反社会。恰恰相反,这才是真正的社会行为。

3. 父母和孩子之间是什么关系?

如果我为人父母,我与孩子间的关系是什么?首先,我跟他联系紧密吗?他／她偶然成了我的儿子或女儿,但实际生活中我和他们的交流和接触多吗?我陪伴孩子的时间多吗?可以说,我是因为太忙着挣钱或者忙碌其他事,就把孩子打发到学校去了吗?这样的话,我真地是与自己的儿女根本没什么接触或交流了,对吧?我身为人父(或人母),忙忙碌碌,(父母一般都这样)一心想培养儿子成才,希望他将来当律师,做医生,或成为工程师,此外,除了我生他是事实外,我跟他(她)还有什么关系吗?

提问者：我感觉自己应该与孩子有一种关系，而且我希望建立一种能让他依靠的关系。我该怎么做呢？

克：我们正在谈论父母与孩子的关系问题。尽管我们口口声声说关系密切，但我们应扪心自问是否是这么回事。什么是关系？我们生了孩子，你想让他通过大学的门门考试，但你真地与他有过其他什么交流吗？那位富人娱乐时间很多、烦恼也不少，但就是没有时间陪伴自己的孩子，只是偶尔去看看他。当孩子 8 到 10 岁时，他又把孩子连同行李送去了学校，就那样。中产阶级的父母也是行色匆匆，顾不上与孩子沟通，他们每天都要去上班。生活困顿的人与孩子沟通的除了工作还是工作，因为孩子将来也必须工作。

4. 父母因爱子女而改变，孩子亦然

让我们明确一下社会关系在我们的生活中的意义。社会和我之间是什么关系？社会是由各种交往关系编织而成，不是吗？如果我们真的深爱自己的孩子，那种爱就会引发一场相当规模的社会变革，因为我们都不想孩子为了适应社会而毁弃自己的直觉；不想他被传统、恐惧、腐败所吓倒，变成对权贵俯首低眉、对下级颐指气使的小人；我们想见证颓败的社会不复存在，战争和各种暴力走向终结。如果我们真的爱自己的孩子，那意味着我们必须找到教育他们的正确方法，让他们不只是适应社会而已。

所以，教育的功能是什么？难以遏制的冲动和强烈的欲望造就了一

个毁灭性的社会模式,教育不就是帮助学生了解这些冲动、动机和欲望,帮助他们理解并突破所在的生存环境和自己的局限吗?

评论:我认为首要的是让孩子了解他所生活的社会,否则,他将无法从中脱离。

克:他是社会中人,每天都接触社会,亲眼见证着社会的腐败堕落。现在的问题是,你如何通过教育帮他了解隐藏在这个社会背后的一些东西,帮他摆脱现有社会,创建一种完全不同的社会秩序。

5. 父母作为第一任老师,亦应接受教育

评论:一个普通的孩子必然要遵从社会规范。

克:没有普通孩子这么一说,但却可能有被吓呆了的平庸教书匠。这也是教师为什么需要再教育的原因。教师也必须改变,不能只是遵从社会的条条框框。

6. 不应指责受教育的年轻一代

正确的教育始自教育者。从教者必须了解自己并打破固定的思维模式,因为他是什么样的人,就会言传身教什么。如果他所受的教育欠佳,除了成长中习得的缺乏独创性的知识外,他又能教给学生什么呢?因此,问题不在孩子,而在父母和老师;问题是要去教育那些从事教育的人。

如果连从事教育工作的我们都不了解自己，如果我们不知道如何与孩子打交道，只是填鸭式地塞给他们信息，让他们通过考试，那我们怎么可能带来一种全新的教育模式呢？学生们在那儿等着你去引导、去帮助，但如果引导者和帮助者本身就感觉困惑、头脑狭隘、盲目爱国、缺乏实践，那么学生将成为他们的翻版，教育也就成了更为混乱和冲突的根源……

关注我们自己的再教育远远比为孩子未来福利和安全着想更为必要。

7. 有人教我们如何思考或思考些什么吗？

教育从事教育的人——即让自己了解自己——是最难的事情之一，因为我们大多数人都在一种思维体系和行为模式下定格化了，我们已经将自己献身于某种理念，某个宗教或某个特殊的行为标准。这也是为什么我们要教导孩子该想什么、不该想什么的原因。而且，父母和教师大多专注于自己的冲突和悲伤。不论贫富，大多数父母都沉浸于个人的悲伤和烦扰中。他们对当下的社会颓败和道德沦丧并不十分在意，他们想的只是如何让自己的孩子多做些准备，在社会立足。他们为孩子的前途忧虑，急切地想通过教育使其拥有稳定的工作和幸福的婚姻。

与我们通常所认为的相反，大多数父母其实都不爱自己的孩子，尽管他们总将爱挂在嘴边。如果父母真的爱孩子，就不会把关注的重点放在与全人类对立的小家和小国上了，而正是这种对立造成社会和种族的分裂，导致战争和饥荒。一个人要成为律师、医生，必须接受严格的训练，但生儿育女却可以不经任何培训就去担负这个最为重要的职责，这可真令人感叹。

家庭内部如果人人都是各忙各的，就会不自觉地向彼此闭锁心扉，导致家庭破裂。如果心中有爱，相互理解，就能推倒隔绝彼此的心墙，家庭也不再是封闭的小圈圈，不再是牢狱和避难所，此后，父母就会跟孩子们和邻居们交流。

许多家长都专注于自己的问题，而将教育孩子身心的责任推给了老师，因此教育者在教育孩子的同时也要帮助父母也是很重要的。

教师必须与家长沟通，向他们解释世界混乱的现状其实反映了人类自身的困惑。他必须指出：科技进步本身无法根本改变现状；技术培训尽管被冠以"教育"之名，但并没有给人类带来自由或更多的快乐；引导学生接受目前的环境无益于开发他们的智力。教师必须告诉家长他打算为孩子做些什么，将从何入手。教师必须唤醒家长的信心，不把他们当作无知的外行人看待，与他们讲话时也不用专家般的权威口吻，跟他们讨论的话题要紧紧围绕孩子，如孩子的脾气、困难和能力等。

如果教师真的对如何把孩子培养成一个独立的人感兴趣，父母也会对他有信心。在这个过程中，教师既在教育自己也在教育家长，同时还能从家长身上学到一些东西。正确的教育是共同的任务，要求所有参与教育的人都要有耐心、细心和爱心。

8. 我们真的爱孩子吗？

身为父母的我们是否问过自己为什么要生小孩？生孩子是为了延续姓氏、传承家业吗？想要孩子只是为了自己的快乐，仅是为了满足情感需求这么简单吗？如果这样的话，那孩子岂不成了父母欲望和恐惧的化身了嘛？！

当父母以错误的方式教育子女，在孩子幼小的心灵播种妒忌、憎恨和野心的种子时，父母还敢说自己爱孩子吗？那煽动了民族和种族敌对情绪的、挑起了战事的、造成毁灭和悲恸的，或以宗教和信仰的名义挑拨人们之间和睦的教育，还是爱吗？

许多父母以自相矛盾和令人懊恼的方式鼓励孩子，不但让孩子接受错误的教育，而且还让他们随心所欲地过自己想要的生活。后来，当孩子长大遭遇痛苦时，他们开始为孩子祈祷，去为自己曾经的行为寻找种种借口。可以说，父母为孩子而痛苦是一种自我怜惜，因为他们没有把孩子当作独立的人，心中根本没爱才这么做。

如果父母爱孩子，他们就不会是狭隘的民族主义者，崇拜美国带来了战争，战争让他们的儿子成了残疾人。如果父母爱孩子，他们会知道如何正确处理财产；占有的本能赋予了财产重要但却虚伪的意义，人类正因此而走向毁灭。如果父母真的爱孩子，他们将不会委身于任何有组织的宗教，因为教条和信仰把人们分成不同的群体，在人与人之间制造对抗。如果父母真的爱孩子，他们将摒弃妒忌和争斗，着手从根本上改变现今社会的结构。

9. 唤醒父母和孩子的智慧

对于这个一直培育我们的社会模式，我们不应该仅是稀里糊涂地继续适应。如果连自己都不了解，怎可能有个人的身心和谐与社会和谐呢？除非教育者了解自己，除非他认识到自己的种种反应是社会制约产生的结果，除非他开始摆脱现存的价值观，否则他怎么可能唤醒孩童的智慧呢？如果他无法唤醒孩童的智慧，那他岂不是失职了吗？

要帮助孩子成为一个真正的自由人，我们必须了解自己的思维方式和情感表达方法；如果教育者能积极关注这点，他不仅能深入了解孩子，也会更了解自己。

第 8 章 与自己的关系

1. 你在寻找什么？

在我看来，找出我们在追求什么很重要。这不是修辞性的问句，而是我们人人都必然要自问的问题；而且，随着我们越来越成熟，变得更聪明和警觉，找到这一问题的答案就愈加重要而紧迫。不幸的是，我们大多数人对这个问题都只是做表面文章，一旦有了模糊的答案，马上就会满足。但是，如果想对此深究，你会发现你追求的只是某种满足感，某种令你感到满意的快乐幻想；一旦找到或者为问题本身编造了某种意见或结论——问题尽管还没解决，我们探讨的脚步就仿佛走到了终点。或者，如果感觉不满意，我们会轮换向各种哲学、教义、教堂、教派或不同的书籍求助，目的总是一个：找到持久的安全感，找到让我们由内到外都感觉永远快乐和安宁的东西。

2．了解心中所思、认识自己、追寻目标

我们追求的目标现在已经相当明显了……但在踏上追求之旅以前，重要的是了解自己的思维方式。自我是非常复杂的，认识自己需要极大的耐心，一个不了解自己的人，无论他追求什么都是茫然。不了解自己为何会产生动力和冲动，这些动力和冲动就会在意识和潜意识里促发某些行为，令我们心生矛盾，阻碍我们的追求，让我们无法从中解脱。因此，不了解自己，不了解自己的思维方式，我们的追求就会流于肤浅、褊狭和渺小。

3．认识自己是通向自由的关键

因此，如果我们真想重新建构世界，开始崭新的交往，改变人生态度，我们首先必须了解自己。但是，这不意味着只关注自我，那样注定无比悲哀。我这里要说的是，不了解自己，对自己认识不深刻，所有的探寻、思索以及得出的结论、观点都没有太多意义。我们中的许多人之所以成了基督徒或是印度教徒等，其实都是他在其所在的社会、教育和文化耳濡目染的结果。如果不了解这个熏陶的过程，我们所有的调查、知识和探索只能带来更大的伤害和更深的痛苦，这种情况正发生在我们身边。

认识自己没有任何程式可循。为发现真实的自己，你去咨询心理医师或向心理分析师求助，但这并不是认识自我。认识自我开始于我们意识到自己是身处某种交往关系之时，认识自我的人对自己每时每刻的变

化都了然于胸。

4．交往与隔绝

　　我已经说过，人唯有与人交往才能发现自己。与外界隔绝，人就无法真正了解自己。愤怒、妒忌、艳羡、欲望——所有这些本能的反应只有在时逢某人、某事和某种理念时才会产生。如果根本不与人来往，完全脱离外部世界，人不仅无法了解自己，头脑也可能封闭起来，会自以为是，进入一种癫狂、心理失衡的状态。在那种情境下，人对自己充其量也只能是模糊的认识，就好比理想主义者在孜孜追求理想的化身时反倒弄不清自己是谁了一样。我们大多数人也总是这样，因为交往难免痛苦，我们都想逃避这份痛苦。

　　在自我封闭的过程里，我们创造了一个理想的化身，但那是想象出来的，是幻想的结果。因此，只有在交往中，我们才能有意识、无意识地了解自己究竟是谁。

　　我希望你对所有这些都感兴趣，因为这是日常生活的一部分；这就是我们的生活，如果我们对此不了解，即使去参加会议或从书本上获取知识又有什么意义呢？

5. 若没有交往，还有自我吗?

接下来我们来讨论:"自我是独立存在的吗？或者说，若没有交往，是否就没有自我？"换句话来讲，自我只是存在于交往之中吗？或自我能超越交往独立存在吗？我想我们大多希望是后者，因为交往难免痛苦，过程中少不了恐惧和焦虑；因此，谋求独立、摆脱信仰和更高层次自我的规约等便成了许多人想要的生活。自我的本质就是走向孤立。我和与我有关的——包括家人、财产、我所爱的和想拥有的——都纷纷走向孤立，从某种程度而言，这就是正在发生的现实。若自我封闭，人能超越自我发现什么吗？显然不能。自我封闭之人可能跨越过隔离彼此的"心墙"；可能拓延过关注的视线，但仍然只是意识中的"自我"。

6. 冲突和痛苦让我意识到自己的存在

你是何时知道自己与外界是有关联的？当爱在身边围绕，当完全体会不到敌意之时，你意识到这点了吗？是不是只有在发生摩擦、冲突，在你想得到某物，当你对和你有关系的人感觉失望、产生恐惧或相互间展开竞争时，你才意识到自己是和他人有关系呢？如果你没有体验到痛苦，还会在交往中察觉出自我的存在吗？让我们再简单点来看这一问题。

如果你没有陷于痛苦中，你会知道自己的存在吗？打个比方，你某一阵子很开心，在你体会到快乐的那一刻，你意识到自己是快乐的了吗？当然，可能转瞬之间你就意识到了那份快乐。此外，我还要问，你有没有可能打开心锁,不再盲目追求"那个理想化的我"呢?如果可以的话,人们对交往或许就会有全然不同的理解。现在,人们把交往用作寻求安全的手段,作为一种实现自我永恒、自我发展和增加权势或财富的途径。所有这些特点构成了自我,如果这些特点不存在了,人就会处于不同的状态,因此而开始的交往也会在意义上截然不同。毕竟,现在人与人交往大都基于羡慕(或妒忌),羡慕(或妒忌)是我们现存文化的基础,因此,交往中到处是竞争、暴力和永不停歇的战争,这就是社会现状。但如果在意识和潜意识里根本不存在羡慕(或妒忌),这种感觉消失了,那我们之间的交往就会完全不同。

7. 是否有不受约束的心理状态?

有不受个人思想束缚的心理状态吗?请各位明白,这跟理论无关,也不是在实践某个哲学命题。但如果你真的在听我说,你一定能悟出这个问题的答案。

8. 认识自己是解决心理、社会和经济问题的通途

在我看来,问题的答案是现成的,不必再试图寻找,直接考虑问题本身就好了。也就是说,着手处理问题却不强求找到解决方法。那样的话,你直接面对问题,你也成了问题的一部分。我认为,这是人人必须首先

知道的——客观存在的问题,尽管复杂,却与我们并无二致。我们就是问题所在,如果认为问题远离自己,或者把问题与自己分开,必然无法解决问题。

但是,如果我们把问题看作是自己,是自己的一部分,与我们是一体的,或许我们就会对它有深入理解——这大体是说"不认识自我"是问题的根源。不了解自我——整个复杂的自我,思考就没了根基。的确,没有哪一特殊的层次是为自己而设,你想让自己到达哪个层次,你就在哪个层次。如果不了解自己,不能完全且深刻地了解自己——意识和潜意识里、表露在外和隐藏于内的——就显然不会找到解决问题的办法,而且不管这个问题是经济的、社会的、心理的,还是其他方面的。

9. 人性皆相通,了解你的本性,你就会了解整个世界的问题所在

认识自己就是理解问题的开始。不认识自己,信仰、理念、知识都没有实际的意义。不认识自己会导致虚无,让我们陷入原本能巧妙避免的诸多复杂和愚蠢的事态中——我们大都如此。这也是我们加入这么多的协会、团体、排外组织和秘密社团的原因。排外的本质不就是愚蠢吗?一个人越是愚蠢,越是在宗教信仰和社会习惯上排外;而每种形式的排外都会惹出一大堆问题。

因此,在我看来,面对这么多不易察觉的和显而易见的问题,我们理解起来如此困难都是因为对自己无知。除了某些其他因素外,问题都

是我们自己造成的，我们就是问题的一部分，而如果我们了解自己，这些问题就会无法遁形。

10. 我们寻找恒久的安全感

人的一生从生到死充满无尽的矛盾，所以我们大都追求安全感。生活的沉闷和焦虑；对生存状态的失望；想要被人爱却没人爱的感觉；浅薄、渺小以及生活的辛劳——这就是我们的生活。在生活中有危险，有忧惧；凡事都不确定，明天总是变幻莫测。因此你一直在追寻那份安全感，有意识或无意识地想找到一种恒常的状态，最初是心理的，之后是外现的——总是先有心理需求，之后表露在外。你希望找到一种永恒，任何事情，任何恐惧、焦虑、不确定感和负罪感都不能打扰你。这是我们大多数人都想要的状态，也是我们大多数人在内心和外在都追求的。

从外表来看，我们都想有个非常好的工作；我们接受教育，拥有一技之长，以某种官僚做派或其他什么态度机械地履行职责。从内心而言，我们都想求得宁静，找到一种确定感和恒定感。纵观我们所有的交往和活动，不管我们做的是对是错，其实都是想拥有安全感。

11. 世界上有无安全感？

首先，在各种交往关系中，在我们错综的情感中，在我们的思维方式里,有这种被称作内心安全感的东西吗?这种所有人都告诫、希望和坚信的东西,真的存在吗?你想要感觉安全,就虚构了上帝,编造了一种理念和理想化的东西,以给自己安全感;但是,安全感可能根本就不存在——安全感可能就是一个想法,一种反应,一种对"不确定"这个显而易见事实的抗拒。

所以,要去探求我们生命中的某个阶段是否存在安全感,首先要向内探求,因为如果表面上看没有安全感,那么,我们同这个世界的关系就会完全不同,我们也将无法与任何团体、任何民族,甚至是任何家庭产生认同感。

因此,当你问自己世界上有无安全感时,如果你没有马上理解这一问题,没有明白与之相关的所有枝节问题,那问题可就更复杂了。因为当安全感可能根本不存在时,想要恒定的欲望就会引发冲突。如果你了解真相,知道不存在任何层次的、任何种类和形式的恒定,也就不会产生冲突。那样的话,你就会变得富有创造性,变得雷厉风行、文思泉涌;你就会不再依附任何事物,变得生龙活虎。内心充满矛盾的人,显然不能清楚地思考问题,对身边事物也不会有强烈的喜爱和同情。去爱,你必须超凡敏感。如果总是畏手畏脚、焦虑担忧,没有安全感,并因而去追求稳定,你就不可能有敏感之心。内心充满矛盾的人,好比一架处在磨合期的机器,他显然是在损耗自己的生命,因此也必会变得迟钝、愚蠢、无趣。

因此,首先要弄清楚,这个世上有无安全感?你必须自己找到答案。我认为,世界上没有任何事,在心理上的任何层次和深度,可以被称作安全感。

有安全感吗?有人们一直在追求的永恒吗?正如你自己注意到的,你的身体在发生变化——身体的细胞经常如此变化。就像你在与妻子、孩子、邻居,在与你所在国家和社区中的人相处时所看到的,有什么东西可以永恒吗?你想让这种关系恒定下来,比如你与妻子的关系——被你称作婚姻,你依据法律紧紧地守护着它。但那种关系真能永恒吗?因为,如果你将永相厮守的希望投注给丈夫或妻子,当她(他)转身离去或注视他人时,或者她(他)不幸离世,或者遭受疾病折磨时,你就注定失魂落魄……

人类的真实状态就是没有稳定感。那些意识到这个真相的人,要么随遇而安接受这个事实,要么因无法面对而选择逃避,变得神经质。对于后者来说,他们无法适应在生活中要随时调整身心,所以出家当了和尚,沉湎于空想,以求逃离。因此,你必须认清事实,不要逃遁到好的作品和情节中,不要去吃斋念佛或以闲聊度日。事实就是我们必须全身心投入。事实就是所有的人都没有安全感,没有任何事能给人以安全感。

12. 透彻理解安全感的问题

对我们大多数人而言,生活都是空虚的。因为空虚,所以做各种尝试以填补空虚。但是,如果你理解关于有无安全感的问题,随着对它了解得越来越深入——此处我使用"深入"这个词并不存在比较的意思——你会发现这个问题与时间无关。这样,你就能完全理解安全感和冲突的问题。你会发现——而不是相信——自己进入了一种完全存在的状态,完全融入其中,感觉不到恐惧、焦虑,没有服从和强制;这是一种完美融合的状态,一种不必找寻,"蓦然回首,那人正在灯火阑珊处"的状态。

第二部分

你和社会的关系

第 9 章　你和社会

1. 社会是什么？

要发现生活的全部意义，我们就必须了解我们复杂人生里的日常苦痛，我们无法逃离这些苦难。我们每个人都必须理解我们所在的社会——不只是哲学家、教师、精神导师——我们要改变生活方式，彻底改变它。我认为，这才是我们必须要做的最重要的事情。美，存在于转变的过程中，以及未经周折就带给我们改变的过程中；其间我们会自己领悟到那个人所共求的奥秘。因此，我们务必关注的不是什么超越于生活之上，不是什么是生活或者生活的目的是什么，而是理解日常生活的复杂状况，因为这是我们立身行事的根基。不理解这些，不能使之发生根本性改变，我们的社会将持续陷于腐朽的状态，我们也会因此处于堕落中。

我们属于社会，无法脱离社会。我们是环境的产物——环境由我们的宗教、教育、气候、所吃的食物、反应能力，以及无数个我们每天都沉溺其中且重复的动作组成的。这就是我们的生活。社会是其中的一部分，由人与人之间的关系构成。社会意味着合作，是人类贪欲、仇恨、野心、竞争、残暴、冷酷、无情的结合体——为了理解社会——不单从理智或理论上理解，而是理解社会现实——我们必须直面这样的事实，即人类——也就是你——是社会环境、经济压力、宗教熏陶等共同影响的产物。直接接触任何事物都无需用言语描述，只要观察就够了。

2. 你是社会的写照

你是世界的写照，你的问题就是世界的问题，这是最简单不过的事实，不是吗？一直以来，我们在与个人或众人相处时，对此好像多少有些忽略了。我们想借助某种体系或变革基于这个体系的思想与价值观来改变现存世界，却忘了这个世界原本是你和我共同创造的，忘记了这个世界如此混乱或秩序井然皆缘自你、我的生活方式。所以，我们必须贴近生活，也就是说必须关注自己的日常生活，关注那些体现在我们情感和行为方式中，体现在谋生方法和思想、信仰里的每日所思、所感和所为，也就是我们的日常生活。我们关心自己的生计，努力找工作、挣钱；我们在乎同家人、邻里的关系；我们关注自己的思想和信仰。现在，如果你用心体察，会发现自己开拓事业主要是因为妒忌，而不仅仅是要谋生。社会如此构建，难怪总是不断上演冲突和更迭，它建立的基础包括贪婪、妒忌、对上司位置的觊觎。职员想晋升经理，这说明他不仅在考虑谋生，即把事业作为养家糊口的手段，而且也想借此获得地位和威望。这种态度自然会严重损害社会和人际交往，但是，如果你、我都只是求生存，应该会找到合适的途径，而不是基于妒忌。妒忌在人际交往间最具破坏力，它是想要拥有权力、地位的表现，人们终难避免因此玩弄权术；

妒忌和权术相互依存。职员，一旦想坐上经理的位置，就会卷入挑起对抗的权力政治中，他也因此成为冲突的直接促因。

3. 社会是我们所有关系的总和

个人的成长历程与世界和集体（不管这个名称是何含义）并不是对立的，你无法脱离集体——你属于集体。

4. 该如何理智地反抗？

如你所知，全世界的年轻人都拒绝、反抗既定的社会秩序——这个秩序让社会变得丑陋、可怕、混乱。你争我夺的场面随处可见，为了一份工作，争抢者成千上万。创造了当今世界的前辈们野心勃勃、贪得无厌，推崇暴力、墨守成规。他们的思想遭到人们，尤其是年轻人的拒绝——这种情况在这个国家（即印度）或许并非如此，因为我们不够发达，我们的文明还没有进化到胆敢拒绝权威和思想体系的程度。但是，拒绝别人思想的同时，他们也创造了自己的思想体系：结果只是蓄长发等等。

因此，仅仅反抗解决不了问题，要解决问题只有在心中重建秩序——一种活的、并非万古不变的秩序才行。按常规做事很要人命。大学毕业后直接去了办公室——如果你能找到工作的话，之后的四五十年，你每天都去办公室。你知道这样对一个人来说会怎样吗？

你已经建立了一种常规，每天重复同样的事情；进而会鼓励孩子也重复这些惯例。任何一个头脑灵活的人都必须反对这样做，但你却说，"我有责任；落到我身上的，我不能丢开，想丢开也不成。"由此，世界在继续，重复上演相同的一幕：生活单调，无尽空虚，而你内心对这一切其实也在不停地呐喊、反抗。

5. 创造新社会

一定还有新的秩序，新的生活方式。要建立新的秩序，改变现有的生活，我们必须理解何为混乱。要理解值得肯定之处，必先否定它，不去费心追求，这点你懂吗？若要否认，就把想否认的负面信息搁置一旁；当你了解到社会紊乱和心绪不宁都是人类自己造成的；当你了解到混乱的致因是人类的野心、贪欲、怨恨，竞争和追逐地位及权势的欲望；当你理解了混乱的构成因素——理解就会带来制约，这种制约不会让人感觉压抑，也不会因循他人。从否认中自会生出恰当的纪律约束，即秩序。

6. 盲从他人会毁掉自己

的确存在所谓精神导师这种权威人物……思维混乱主要是因为追求他人承诺的一种真实。我们大多处于困惑和混沌的状态，所以往往心甘情愿地拥护能慰藉我们精神的人，但在政治上我们却反对强权和独裁，这是最令人百思不得其解的一件事。越是宽容、有教养的人,越崇尚自由,在政治和经济上越厌恶和憎恨强权;但就内心而言,他们却愿意接受权威和他们的专横。也就是说,为了按照他人订立的模式融入现实,我们将灵魂、思想和生活方式都扭曲了。可是,我们那样做实际上也毁掉了彻悟,因为彻悟或启示只有自己能捕捉到,在他人、书本或圣人那里都是寻不见的。

人不可能拒绝外部权威,因为权威是必要的,对任何文明社会都必不可少。但我们所说的是关于另一个人,包括掌握话语权的人的权威。我们隶属于社会,都生活其中,所以,只有理解无序是所有人带来的,才能让社会秩序井然。我们,作为遗传了动物本能的人类,必须发现人类具有受到启示或领悟的能力。而且,这种启示和领悟的能力,或那份理解力,是无法通过他人——不管那个人是谁——来体验的,因为他人的体验可能并非真实。必须质疑所有的体验,不论这种体验是你自己的还是他人的。

7. 即使曾耳濡目染的事物,也不应顶礼膜拜

因此,必须弄清楚人为何会拥戴他人,又为何会接受权威(来自牧师的、印刷物的,以及《圣经》、印度圣典及其他各种形式的权威)的压制。完全拒绝权威,人做得到吗?我不是指"垮掉的一代"的拒绝方式,那不过是种反抗而已。但是,对于想要发掘真理的人来说,表面上屈从某种模式根本无用,而且这对他们也没什么帮助,这一点能看出来

吗？人，如果能拒绝外在的权威，就也有可能拒绝内在的，包括拒绝体验的权威性。人能弃经验于不顾吗？对我们大多数人来说，经验可以引导知识。我们经常说："通过体验，我了解到"或"经验告诉我必须这么做"，可见经验可以成为一个人内在的权威。不仅如此，或许它比外在的权威更消极、更邪恶，因为种种虚幻都是人受经验影响而产生的……头脑能完全抹去几个世纪的影响吗？毕竟，影响存在于过去。种种反应、知识、信仰、过去的传统已经塑造了人们的头脑，这种影响怎能完全抹去呢？……

你看，影响是恐惧的源泉；哪儿有恐惧，哪儿就没有美德。

8. 心理安全感好比神话

我不想非常深入地探究无意识，这里只做简单探讨。无意识属于遥远的过去，它残存在种族、家族和共有知识中。对于所有无意识的想法，你可能会有意识地抵制，但无意识依然潜伏在那儿，并且可用来解释为什么会遭遇如此麻烦。无意识说：到教堂去；做这个做那个；做（印度教的）礼拜——或任何你能做的。无意识的暗示和提醒连同所有过去都成为你如此行事的理由——成为我们的意识和心理缺陷等。所以，为了找出是否有安全感，亲自找出来，进而抛开生活中的虚幻，我们对此必须全面认识、理解并免受其扰。

不仅如此，我们发现许多在心理和情感上的安全感，其实是我们自己与某种思想，与种族或带有某种特殊行为习惯的团体达成了一致。也就是说，我们投身于某项事业，加入某个政治团体，运用某种思维方式，接受某些风俗、习惯、仪式，因而才成为印度教徒、印度拜火教徒，或是基督徒、穆斯林教徒。我们信仰某种理念，认同某个民族、家族、团体和社区，认为这样很安全。而当你说"我是印度人"或"我是英国人"或"我是德国人"等的时候，你会感觉更加安全……

因此，要首先问问："世上到底有没有什么安全感？"这个答案得你自己去发现。要我说，在心理的任何层面，任何深度，都不存在以任何形式存在的安全感。

第 10 章 什么是真正的宗教？

1. 宗教还没有改变人类的行为

我们说一定会有彻底的改变，一种思想上的转变，因为人类为了改变自身已经从内到外都做了各种各样的尝试：去过寺院、教堂、清真寺；尝试过多种政治体制、经济秩序；享受过无比繁荣，也遭遇过极度贫穷。人类通过各种方式——教育、科学、宗教——试图为自身带来根本性的改变。

走进修道院，抛开尘世，不停地祷告，陷入无尽冥想。祭祀，追随理想，跟从师长，参加不同的教派。通观历史我们发现，人类已经尝试了各种可能的途径去摆脱混乱、痛苦、忧伤和没完没了的冲突。天堂已经被人为地创造了出来。为了避免下地狱遭受惩罚，人类也做了若干设想和采用了很多调控手段；尝试了聪慧之人所能想到的各种方法，甚至包括毒品和性。然而，在现实中，人依然还是老样子，没什么改变。

2. 信仰都跟宗教有关吗？

我们能意识到生命的丑陋、痛苦和忧伤；对此我们想通过某些理论、臆想或满足感及某种教义来做出解释，所以，为做出解释，我们陷入组织语言和构建理论之中，不知不觉间就使信仰变得根深蒂固、不可动摇——因为这样的信仰和教条背后，是人们对未知事物的一贯恐惧。但是，我们从未去审视那份恐惧，而是转身逃开。信仰越强大，教条越束缚人。当我们仔细观察这些信仰——基督教、印度教和佛教——我们发现它们将人分开了。每一种教义，每一个信仰都是在用一系列的仪式和义务束缚人并使人与人分隔。因此，我们开始以探问的方式去发现什么是真的，这种苦难、挣扎和痛苦的意义何在；很快，我们就被这些信仰、仪式和理论缠住而不得脱身。

信仰是腐败，因为潜藏在信仰和道德背后的是头脑，是自己——一个膨胀的自我。我们认为宗教就是信仰上帝，信仰有一定意义的事物。我们认为信仰就是宗教。如果你不信，不但会被认为是无神论者，还会遭到社会唾弃。某个社会谴责信仰上帝之人，另一个则谴责那些不信上帝之人。两者没有什么不同。宗教因此成了信仰问题——信仰对人的思想相应地发生作用；思想从此不再自由。然而，要发现什么是真实的，什么是上帝，思想上必须摆脱束缚，凭借信仰是行不通的，信仰所折射的上帝和真实都属于人为臆想。

3. 宗教和信仰让我们彼此疏离

你相信上帝,他不相信,是信仰把你们分开。信仰在全世界范围内都是有组织的,如印度教、佛教或基督教,人们也因此彼此分离。我们感到困惑,认为信仰可以帮我们厘清这些混乱,也就是说是信仰被置于混乱之上,我们希望借此肃清混乱。但是,信仰只是逃离混乱的一种手段而已;它无法帮助我们面对并理解事实。

要理解这种混乱,并非一定要有信仰。信仰只是充当了我们和问题之间的屏障。因此,宗教,这种被组织化的信仰,成了人们逃离混乱事态的手段——而坚持其他信仰的人也正欲借此逃避他的"真我"。你难道不知道那些信仰上帝的人,那些做印度教礼拜的人,那些反复吟唱某首圣歌、歌曲的人,和那些在日常生活中控制欲强、残忍,有野心、擅欺诈、不诚实的人吗?但就是这样的人在信仰上帝,他们景仰上帝,每天都去教堂或寺庙,做任何事都是为了避免暴露他们的"真我"——这样的人你认为值得尊重,为什么?因为他们就是你自己。

4. 思想和对宗教的敬畏能创造真正的宗教吗?

我们致力于创造一个不同的世界,一种不同的社会秩序。我们不注重宗教信仰和信条、迷信和仪式,但是我们关注真正的宗教。然而要发现真正的宗教,我们千万不能心存恐惧。思想衍生恐惧,思想一定要被什么东西占据,否则,人就会感觉思想空虚。

为什么我们的头脑会被上帝或社会变革，被这样或那样的念头所占据呢？原因之一就是在内心深处我们都害怕孤独，害怕空虚。我们知道这个世界是残酷的、丑陋的，充满暴力、战争、憎恨、等级和国家分裂等等。知道这个世界的真实面貌——与我们所设想的全然不同——我们就会致力于带给它根本性的变化。为了实现这种转变，人类在思想上必然经历巨大的变化，如果不存在任何恐惧，这种社会变革也不可能发生。

思想是对记忆的反应，记忆通过经历、知识和传统得以累积；记忆是时间堆积的结果，从动物身上继承而来。基于这种背景我们做出反应，这种反应就是思想。思想在某些层次都是必要的，但是，当思想折射出的是心底所想的将来和过去时，思想中就会恐惧和快乐并存……我们可不可以在心底停止想念过去或幻想未来呢？哪怕只是为了保护自己。

5．全情投入会消除恐惧

要消除恐惧，你必须投注全部的注意力。下次，若你闪过恐惧的念头——为未来担忧，担心再次经历曾有的困顿或尴尬——就投入你的全部精力吧；不要转身逃跑，不要试图改变什么，不要试图控制事态。不要压抑你的恐惧，要完全、彻底地投入全部精力。你会认识到，因为不再观望，就不会有什么恐惧……如果在任何时候你都全身心投入，必会无暇顾及无意识和以及你能意识到的很有限的东西。

6. 思想未受洗礼，能否领悟圣洁的爱？

现在我们来谈谈人如何才能有宗教意识。你理解我的问题吗？我们冥想过，祭祀过，坚持独身或各自组建了家庭；我们接受传统和老规矩，香水、偶像这类现代事物也让我们无比兴奋；我们几次参观寺院并敬拜了里面的神灵——那些幼稚的事情我们都做过。如果做过了，我们就会认识到做这些事情原本是徒劳无益的，因为我们那样做都是缘于恐惧，缘于处在绝望中，感觉没有希望。

要走出绝望，你必须心怀希望。要走出绝望，你必须了解什么是绝望，同时对于所希望的淡然处之。

懂得这一点很重要，因为这样一来，你就创造了一种绝望和希望并存的二重性，通向这二重性的路是漫漫无尽头的。

※

现在我们来说正题：没有纪律约束，没有思想、没有强制，没有任何典籍、没有领导、没有老师，什么也没有，你会突然感到绝望吗？当你看着夕阳西下的美景，绝望的心情还会油然而生吗？其实，没有什么能让你心生绝望——绝望只是你的另一种错觉。

在我看来，这世上存在某些必要的不受任何束缚的事情——这与你所得到的和践行的不同，也不是每日重复的惯例。我所说的是，必须要有自然而生的激情，你明白吗？这种激情不因承诺、依附或动机而产生，没有激情，即使美在眼前你也会熟视无睹。当然，这种美不是夕阳之美、建筑之美、诗歌之美、鸟儿展翅飞翔之美，也无法通过理性、比较来发现。

要领会那种美必须有激情。要有激情必须有爱。好好听着！对此你根本无能为力；爱是不能练习的——若能练习的话，就成了纯粹的善良、慷慨、彬彬有礼和一种非暴力、平和的心态了；但是，这与爱都不相干。没有激情和美丽不可能产生爱。好好听着就行。不要争辩，不要探讨"如何才能拥有爱"。

这好比将房门保持开放的状态。如果你把门打开，夜晚的微风便会不邀自入；不必为它做任何准备；不必说"我必须，我不必"；不必去参加宗教仪式等等，只把房门打开就好了。这是举手之劳，一种不由自主的行为，跟享乐无关，也没有狡黠的企图。只把门敞开就行——你需要做的仅此而已，不必做其他任何事。你不必坐在那儿冥想，通过外力、义务、约束强迫思想静下来。这种沉默实际是吵闹和无尽的悲伤。你所能做的就是开放思想之门。如果思想受到束缚，那扇门就无法敞开。

所以，你开始不再纠结于种种愚蠢而虚幻的念头——从中解脱出来，不为敞开那扇门，只为求得自由。这好比让房间保持干净、整洁、有序一样，仅此而已。没有任何企图、任何目的、任何动机、任何渴求，只是将门敞开，之后，从那扇门就会走出某种用时间和经验都无法测量的东西；与大脑活动毫不相关的东西。之后，你会确切地知道，这件事超乎人类所有想象，超越时间，无可争辩。这，就是爱。

第 *11* 章　政府、军队和法律

1. 权威会改变人的头脑吗？

权威会改变人的思维吗？了解这点很重要，因为对我们来说权威是非常重要的。尽管我们可能会反抗权威，但我们要树立自己的权威……

有法律权威，这点显然人人必须接受。其次有心理权威，如人们所熟知的牧师。现在，没有人在乎牧师。那些所谓聪明的、思维清晰的人并不把牧师、教堂和相关的事物放在眼里。但是，他们有自己的权威，在智力、理性或者知识方面的权威，那是他们追随的。一个胆小、犹疑、不清楚自己行为的人，终其一生总是想跟从权威——如权威的分析师、书或者最新潮流。

头脑能摆脱权威的束缚吗？换句话，就是说摆脱恐惧，不再追随权威。如果恐惧可以摆脱，习惯性模仿就会停止。毕竟，美德和道德规范，都不是重复美好事物。头脑一旦受习惯支配，就不复有美德。美德，好比谦虚，每时每刻都存在。谦虚是无法培养的，不谦虚的人没有能力学习。因此，美德不存在权威。社会伦理是根本没有伦理；社会承认竞争、贪婪、野心，鼓励不道德的行为，因为社会本身就是不道德的。

2. 政府法令、军队和杀戮

评论：之前你说过，我们必须接受法律权威。对于类似交通法规之类的事我能理解，但法律若要我成为一名士兵，我则无法接受。

克：这是个世界范畴的问题。政府要求你参军、作战。你打算做什么？尤其当你还年轻时？我们年老的人算是完了。但年轻人的生活会发生什么变化？这个问题全世界都在探讨。

现在没有什么权威。我不是在建议你应该做什么，不应该做什么，你是应该加入或不该加入，是该杀戮还是不该。我们都在仔细研究这个问题。

在过去，一个社区声称，"我们不杀戮"。他们不猎杀动物，不以此获得食物来源，为此还制定了很多规划。他们崇尚美德，注意对人讲话和善。那个社区持续存在了好多个世纪，尤其在南方的婆罗门地区，但现在所有那些都已逝去。

你决定怎么办？是助战还是袖手旁观？你买张邮票，是在助战；你纳税，是在助战；你挣钱，是在助战；你在工厂工作，是在为战争生产炮弹；你在生活中爱竞争、有野心、只顾自己的成功，是在制造战争。当政府要求你参军，决定去与不去全在你，而且，对于种种后果，你必须面对。

我认识一个欧洲的男孩。在欧洲，所有男孩都必须服役一年、一年半或两年。这个男孩说："我不想去参军，我就没打算参军，我想逃跑。"之后他真的逃跑了，这意味着他可能永远不会再回到他的祖国了。他把他的财产都留给了家人，而且可能再也见不到他们了。所以，当涉及更重大的事情时，决定参不参军就变成小事一桩了。

3. 人类选择了战争的方式

更重要的是如何彻底停止战争，而不是结束某场特殊的战役。你我对每场战役各有评判。我可能生就是一个仇视希特勒的英国人，因此支持同他作战；但是对越南作战我不赞同，那场战争无论在政治上还是其他任何方面都对我没有好处。是人类自己选择了战争和冲突，这点我们必须注意到。除非你能完全改变这种情况，否则这个困扰提问者的问题也一样会令你百思不解。要改变就需要通过言行实践，意思就是停止竞争、停止主权政府的分裂、解散部队。你说："我做不到；我阻止不了战争；我解散不了部队。"

但是，在我看来，你在战场上看到人类残暴本性最终显露无遗的时候是非常重要的。如果你全都看到了，那么，仅从"看"这个动作来说，你就是做了件正确的事。这件事可能会引发各种后果；这无关紧要。但目睹所有这些苦难，你需要充分去"看"的自由；恰恰是"看"在制约你，"看"带来了自我约束。在享受那份自由的同时，你变得沉默；你的疑团也就此解开。

4. 多宗教和多民族导致战争

是什么让内心世界混乱一片？显然，给当今世界造成如此大规模具有破坏性混乱的原因之一就是宗教分裂——你信仰印度教，我跟从穆斯林教；你 是位基督教教徒，但既可能信仰天主教、新教，也可能信仰包含多个教派的圣公会教……

因此，宗教已将人类彼此分开，这是造成混乱的一个原因。你、我意见不合，你能看到这些事实……

民族主义者，一个近期滋生出来的"有毒物"，也是造成混乱的一个因素……如果你生在一个主权政府国家——即装备有军队的、具有民族主义倾向的独立主权政府国家——你必定遭遇多场战争。

5. 我们能在不伤害别人的前提下谋生吗？

先生们，谋生意味着什么？是满足自己的需求，赚取食物、衣服和住所，对吧？如果我们把生活必需品——食物、衣服和住所——当作心理上压倒对方的手段，麻烦就来了。也就是说，当这些需求，这些必需品被用来显示个人的身份和实力时，生活就会出现麻烦；从根本上说，我们的社会是以利欲熏心为基础上而建立，它不是在提供必需品，必需品被用作人们互相攀比的手段。

6. 什么是错误的职业选择？

先生们，我们当然可以看出哪些职业并不适合。如成为战士、警察、律师，这样的职业选择显然不太合适，因为这些人只有在发生冲突和纠纷时才能大显身手；大企业家和资本家发达的基础是剥削，成为这种人也不是合适。经营大企业的，可能是个人，也可能是一个国家——如果是国家接管了一个大企业，那你我连被剥削的机会都没有了。因为社会建立在军队、警察、法律基础上，大资本家发展企业的基础也是纠纷、剥削和暴力，这样一来你和我这些想要有份体面且适合自己的工作的人怎么能生存下来呢？

失业人数与日俱增；部队力量越来越强；暗箱操作的警务人员越来越多；企业规模越来越大以至成了庞大的集团，这样的企业终将被政府接管，因为在某些国家政府已经是个大型企业了。看到充满剥削及倾轧的社会状况，你不禁会问：怎样做才能找到一条合适的谋生之道呢？人人都想拥有安全感、稳定感，有个固定的职位，不求人生大波大澜，因此大多数人想要的无非是有份工作，希望坚持做下去，工作不断推进，工资越来越高。然而，最终发现生活真谛和全新生活方式的恰恰不是这些自我满足、不思进取的人，而是那些勇于冒险、敢用自己的生命和人生做实验的人。

因此，当没有合适的谋生方式以前，显然，我们首先必须拆穿这些虚伪的挣钱机器——军队、法律、警察和那些以国家、首都或宗教名义压榨并剥削他人的大企业集团。当你看穿虚假，革除虚伪，就会发生变革，进而创造新的社会。作为个人，你去谋求合适的生计是件好事，非常好，但那并不足以解决问题。只有你我不再致力于追求安全感,这个大问题才能解决。世上根本没有安全感这回事。当你寻求安全感时,又怎样了?现在世界各地又怎样了?欧洲各国都吵嚷着想要安全,结果呢?他们想通过民族主义获得安全感。如果想要安全感、且认为民族主义会让你拥有安全感,那你也是个不折不扣的民族主义者。但这个观点已经被反复证实了,民族主义无法让我们感到安全,因为它引发战争、苦难和破坏,它本身就是让人与人走向隔绝。因此,寻找恰当的谋生之道在很大程度上必须从理解虚伪开始。当你向虚伪宣战,你就是在创造适合你的谋生之道了。当你与倾轧、剥削的体制开战,不管这种体制的控制者是政治激进派、保守派,还是世俗宗教权威,你现在选择的职业就是适合的,因为它将创造一个全新的社会和文化。但是,要加入战斗,你就必须清楚而确切地认识到哪些是虚伪的,这样才会消灭虚伪。要揭示虚伪,你就必须意识到虚伪的存在;你必须观察自己所做、所思和所感的每件事,这样你就不仅能从中发现虚伪,还能聚集新的活力和能量,而那些能量将决定你更适合从事什么工作。

7. 你必须自己制定一套规则

真理毕竟不是被给予的,你必须自己寻找。要寻找真理,你得给自己制定一套规则,自我引导,而不要想着去做一位拯救天下的政治家、共产主义者、领导者、牧师、遁世者、圣书;你必须体验生活、自我约束。因此对你来说不存在权威——你要完全依靠自己,从里到外,完全不借助外力,无所畏惧。

8. 责任属于每个人

和平是你的责任,我们所有人的责任,它不仅只属于政客、士兵、律师、经商者、共产主义者、社会主义者。你的责任就是生活、过日子。如果你想天下太平,就必须平静地生活,不要彼此憎恨,不要心怀嫉恨,不要追逐名利,不要争相攀比。这种处世态度折射出的,就是爱。只有能给予爱的人才懂得如何平静地生活。

第12章 种族、文化、国家

1. 只有一个人类，你和它是什么关系？

若要指出的话，（我认为）根据地域把人划属为东、西方的做法显得很随意，不是吗？这种区分没有多大意义。不论我们生活在某条线的东西哪侧，不论我们的肤色是棕、是黑、是白，还是黄，我们同属于人类，都在遭受苦痛，都满怀憧憬，虽内心彷徨，但仍坚信生活更美好，也就是说快乐和痛苦并存。思想从来不分东、西，是人们根据生活环境人为做了这样划分。爱也不局限于某个地域，在某个大陆认为神圣的，到了另一个大陆则被拒绝。划分人类是为了经济和剥削的目的。这不是说所有的个体在性情上没有区分等等；个体间有相似之处，也存在不同。这点相当明显，心理上也一样，对吧？

2. 文明可能改变，不变的是人类基本生存环境

看到个体差异的同时，我们还必须意识到个体的相似之处。表现在

外的可能确实发生了改变,但隐藏在种种表象背后的动力、冲动、渴望和恐惧都是相似的。不要被满天飞的言论所欺骗,要想过安宁、富足的生活,我们一定得发掘比物质幸福更多的东西才行。文明可能随气候、环境、食物等发生改变,但是,文化在世界范围内大体是一致的:富于同情心、回避邪恶、心怀慷慨、不妒忌、能宽恕等等。没有这些基本的文化特征,世界各地的文明都将遭遇瓦解或破坏。那些所谓落后的民族可能会获得知识,很快学会西方的"技术";他们也可能成为好战者、统帅、律师、警察、暴君,创造出集中营等统治机器。但文化与之完全不同。上帝之爱和人类自由难能这样轻易得来,而且,若缺少爱和自由,物质富足又算得了什么?

3. 寻求不同利益集团庇护并不能真正给你安全感

我们如此不顾一切地追求安全感,个人如此,团体、民族和种族也如此,以致在现今世界战争成了各国都最为忧心之事。

平和是一种心态,是不再祈求安全感的自由心境。人若追求安全感,内心必定总被恐惧的阴影笼罩,因为除了物质上的富足,我们更想要的是心理上的安全感,但制约集体和思想并造成集体内部纷乱和观念冲突的,正是这种希求通过修身养性、有所信仰和归属某个民族来求得心理安全的愿望。

4. 如果你做出改变，世界也会改变

至少有些人是不属于任何特定团体或种族，抑或任何专门的宗教或协会的，这点何其重要！他们致力于追求真理，生动演绎着真正的兄弟情谊。人，要摆脱外在财富的负累，一定要认识到内在的贫穷，这样无尽财富才能滚滚而来。文化溪流可能就因为几个人的觉醒而改变航向。这些人我们其实并不陌生，只不过并非你我。

一块石头可能引导了一条河的流向，一小拨人也同样可能改变文化的发展方向。历次重大事件当然也是通过这种方式实现的。

5. 立法终止不了犯罪

一个群体定期剥削另一个群体，这种剥削必会引发暴力危机。类似事件在整个人类历史发展阶段都时有发生——一个种族统治、剥削、残杀另一个种族，其中一方相应地就会受到压制、欺骗，遭遇贫穷。如何才能控制这样的局面？通过法律、组织、教育这些外在手段或查找制造混乱和苦难的原因就可以了吗？不了解外因，就抓不住内因。如果你镇压一个民族是为了制止其剥削或压迫另一个民族，那么，你也将沦为剥削者和压迫者。如果为了正确的结果而采用阴险的手段，那正确的结果也难免被改写。对此，在我们还没有深刻而持久地领会之前，单凭以恶制恶会招致更多的邪恶；因此，制恶的方法需要进一步革新。我们认为自己已看到邪恶昭然若揭，结果却任由恐吓、蛊惑和其他手段的支配而

违背了初衷，这说明我们其实并没有认识到邪恶的本质。

6. 解放自我，你将解放整个世界

　　个人如此，一个民族和国家也一样；你可能无法改变他人，但一定能改变自己。你可以通过暴力、经济制裁等手段制止一个国家剥削另一个国家，但是，有什么能保证制止他国残暴行为的目的不是为了压迫和无情统治这个国家呢？没有保证，根本没有。

　　相反，在以恶制恶的过程中，这个国家和人民却成了它打击的对象。为控制和阻止这种行为，可能设立了看似体系完备的法律，但如果缺少美好愿望和兄弟情谊，内部的冲突和贫穷终将引发暴乱。仅仅制定法律无法阻止西方剥削东方或者东方反过来剥削西方。但是，正如我们个人或群体长久以来将自己归属为某个种族、民族或宗教一样，战争、剥削、压迫和饥荒仍将持续。正如你一向承认人分属不同的国家一样，荒谬的国别列表是如此之长：美国、英国、德国、印度等等。正如你这么久也没有意识到人类的统一和交往一样，人类大规模的杀戮和悲伤一直都在持续。单靠法律指引和制约的民族好比一朵假花，看起来美丽实则内部空洞。

　　你可能会说，世界不可能等待人人觉醒或为了唤醒几个人而改变前进路线。的确如此，世界会按照盲目制定的路线继续下去。然而，世界终将觉醒，被那些没有受分裂意识、世俗名利、个人野心和权力欲所奴役的人唤醒；因为他们的理解和同情，野蛮和无知终将被彻底清除。唯有在这种觉醒中才可见希望。

第13章 你和世界

1. 你和世界是什么关系？

你与世界是何种关系？世界和我们有什么不同吗？或者，我们每个人是都形成于世界发展的进程中，与世界不相分离，是世界的一部分吗？换句话也就是，你我皆产生于世界的整个发展进程中，无法与世界脱离并独立，因为，毕竟你是过去的产物，受环境的影响和制约——这种制约来自政治、社会、经济、地理、气候等各个方面。你是世界整个变化过程的结果，因此与世界不相分离。

2. 你就是世界，是世界的写照

你属于世界，是世界的写照。因此，世界的问题也是你的问题，你自己的问题如果解决了，就相当于世界的问题解决了。世界与个人不可分离。世界由你我构成，个人问题没有解决就试图解决世界问题是徒劳的……因为，毕竟世界与我们并不遥远；它就在你生活的地方，包括你的家庭、朋友、邻居；如果你我能彻底改变自己，那么这个世界就有可能改变。

3．凡重大社会变革皆始自少数人，始自你我

　　这是为什么世界上所有的巨变和改革都是从几个人，从你我开始的原因。所谓大规模的运动不过是被说服了的个人的集体行为罢了。集体行为有意义的前提是集体中的每个成员都觉醒；但是，如果他们被某种言论和思想施了催眠术，那样的集体行为必定导致灾难。

　　看到世界乱糟糟的、令人可怖，不仅充斥着战争、饥荒和民族主义灾难，其间还活跃着腐朽的有组织的宗教思想——在接受这一切的同时，我们也认识到，要根本而彻底地改变世界，显然必须从自身做起。你可能说，"我愿意做出改变，可是如果人人都这样的话，那得花上多少年啊"。但事实果真如此吗？若是的话，花上好多年那又何妨！如果你我真的被说服了，真的看到了改革必先从我做起的真理，那还用花很久去说服他人，去改变世界吗？因为隶属于世界，你的行为会影响你所在的世界、你交往的圈子。但困难在于承认个人转变的重要性。我们要求世界变革，要求所在的社会变革，但我们自己却盲目无知，不愿做出改变。什么是社会？当然是你我之间关系的总和。你和我相互交往，共同创造了社会；不管这个社会自称属于谁，印度人，共产主义者，资本主义者或其他什么，我们都必须改变相互间的关系，这种改变并不依靠法律、政府、外部环境，而是完全依靠你和我。

4. 帮助并服务他人

提问者：我想帮助别人，为别人服务，怎么做才最合适？

克：最好的方法就是认识并改变自己。想去帮助他人、为他人服务，这种愿望里其实隐藏着骄傲和自负。如果你心中有爱，就会想着去为对方服务。叫嚷着要帮助别人是虚荣心的表现。

如果你想帮助别人，必须了解自己，因为人和人没什么两样。从皮肤上看我们可能各不相同——黄色的、黑色的、棕色的或白色的——但我们同被渴望、恐惧、贪婪或野心所驱使，在内心深处都非常相似。不了解自己，你怎能知道他人的需求？不了解自己，你就无法了解他人，为他人服务。没有自知之明，你就是在无知中做事，就会制造苦恼。

让我们换个思路这样想。在贪婪和战争的驱使下，工业化在世界各地迅速蔓延。工业化可能的确创造了就业机会，让更多人吃饱了饭，但它造成的后果是多么严重！那些掌握高科技的人变化何其大！他们变得更为富有，拥有更多的汽车和飞机，看到更多的新产品问世，观赏到更多的电影，居室处所也是更大更好，但整个人类发生了什么变化呢？人们变得越来越冷酷，越来越没有创意，越来越缺乏创造力。暴力必将蔓延，而政府就是暴力的组织者。可以说，工业化确实带动了经济的发展，但后果却触目惊心——贫民窟处处可见、工人和非工人对峙、老板和奴隶对抗、资本主义和共产主义势不两立、无序的商业行为将触角伸向世界各地。乐观地说，工业化是提高了我们的生活水平，消除了贫困，让我们找到了工作，获得了自由和尊严。但是，贫富差距，掌权和无权的人之间天壤之别和无尽的摩擦都在持续，不知何时是尽头。放眼西方，到处弥漫着战争、变革、持久的毁灭威胁和无尽的失望。谁来帮助这些陷入困境中的人们？当身边所有的事情都遭遇毁灭，善于思考的人必会挖掘这其中的深层原因，能这样做的人显然不多。一个（生活在高科技时代却）被炸弹崩到屋外的人一定很羡慕原始人的朴素生活。千真万确，现代文明是被送到了那些蛮夷之地，但代价是何等巨大！可能初衷是为他们服务，但考虑考虑这么做的后果吧。对造成这些苦痛的更深层原因，几乎没有人想过。

5. 战争的祸根在于人，而非科技

工业不可能被摧毁，你不能说毁就毁掉飞机，但却完全可以从源头处制止工业被滥用。滥用系人为所致，可以根除，但并非易事，因为你的真正目的不是解决滥用问题，而是试图将战争合法化，并为此签订契约，组建联盟，倡导国际安全，等等。但是，贪婪和野心却拒绝接受这些合法化手段，战争和劫难因此也无可避免地随之而来。

6. 自己好比多卷长书，应细细品读

要帮助他人，必须了解自己；人和人没什么区别，一样都经历过人生百态，相互关联。如果你被无知、邪念和狂热困扰，也必然散播这些不健康和阴暗的心理。如果你心智健全、人格完整，就会播撒阳光和安

宁，否则，你就是在为更多的混乱和苦难推波助澜。理解一个人需要耐心，需要宽容意识；自己好比多卷长书，一天把它读完是不可能的。但是，一旦开始读了，你就必须逐字、逐句、逐段地阅读，因为透过它们你可以读懂整个人性。阅读的开始即是终止无知。如果你知道如何阅读人生这部书，必会发现其中所蕴含的无上智慧。

7. 人类能做出改变吗？

了解到这些——也是你必须了解的，你自然要问：人类能改变吗？你和我呢？作为人类的一分子，你我能否让自己来个大转变，从此与人交往时不再目光短浅、利己和以自我为中心呢？人际交往最为重要。除非人与人交往在原则上发生根本性改变，否则，谈论上帝或圣典，或求助于《吠陀经》《圣经》等其他典籍，都是瞎胡扯。除非我们建立了恰当的交往关系，否则交往根本没意义。

8. 人与人之间恰当的交往关系

我们所有探讨的话题都聚焦于一点——如何深刻变革人际交往，使得世间再无征战，国家不再分裂，不再受反民族主义、边防危机和阶级差别等因素的滋扰。要实现这些，除非我们人类能建立并践行全新的交往，而不是只将变革停留在理论或思想层面，否则，人类必会遭遇越来越严重的衰退和堕落。

对我们而言，关系意味着什么？相互有联系是什么意思？首先要弄清楚我们之间是否有关系？关系意味着接触：相互在一起、交往、相处、直接与人接触，了解他所有的困难、问题、痛苦和焦虑（这些也是你所面对的）。了解自己的过程就是了解人类的过程，如此才能为社会带来根本性变革。"个人"意义甚微，"人类"则意义重大。个人可能会因为压力、紧张和环境而改变，但这种变化不会深刻影响社会。然而，人类的、非个人的种种问题——已经存在了两百多万年的全人类的问题，包括冲突、焦虑、恐惧和终将面对死神等都是人类的重大问题。除非我们理解这些问题——并非个人的，而是全人类的——否则，就不可能迎来一个不同的文化和全新的社会。

9. 基于外在形象的交往并非真正的交往

我们之间有关系吗？一个人和另外一个人之间呢？也就是说人和人能通过交往在智力、情感和心理上产生共鸣吗？或者，在你为自己构画的形象和他人在你心中的形象间会有什么接触和联系吗？你有独属于自己的一些想法、理念和经历等，有独特的气质和喜好——这些共同构画了你的形象……

关于自己是何种形象已深深印刻在你的脑海，由各种人生经历、传统习俗、生活环境和莫名压力刻画而来。你认为自己是这种形象，另一个人认为他是那种形象，这样的两个形象相接触，就构成了我们所说的关系。不管最亲密的关系是存在于丈夫和妻子之间,还是介于两个国家形象之间,例如你关于俄罗斯、美国、越南或其他国家的形象,总之,两个形象一旦接触就构成我们所说的交往关系。请务必弄清楚这点,这才是我们所一贯所认为的关系。

你有关于自己的形象,也为他人构画了形象——不管他是美国人、俄罗斯人、中国人还是哪国人。你认为巴基斯坦人是这样的形象,对印度人和印第安人,这两个来自不同疆域的人也构画有不同的形象——为了形象,为了通过国旗、民族精神、仇视和其他事件来显现和强化的形象,你们愿意彼此伤害,愿意——请仔细听着——仅仅为了一句话、一个概念和一个形象就彼此厮杀。

人类至今还没有解决战争的问题。在第一场战争爆发时,首次参战的女人和男人们一定呐喊过,现在,该轮到我们呐喊了。

10. 必先毁弃已有形象,才能恰当交往

为了建立恰当的交往关系必须毁弃已有的形象,这是什么意思?意思是你应该毁弃自己的形象——关于你是印度人,我是巴基斯坦人,他信奉穆斯林,他追随天主教,另外的是犹太人或共产主义者的形象。同时,还必须废止那个构画了你形象的体系——那个存在于你和他人心中的体系才行。否则,你可能毁弃了一个形象,但那个体系又构画出了另一个形象。所以,我们不仅要发现已有的形象——意识到自己特定的形象——还要知道那个构画形象的体系到底是什么。

11. 形象由记忆碎片拼接而成

或许，你已经弄清了"形象"这个词的含义，以及它是如何被构画的——是知识、经验、传统以及来自家庭和工作的紧张、压力和所受的侮辱共同构画了这个形象。你知道构画这个形象的体系是什么吗？这个形象被拼合而成，我们必须维护它，否则就会消失。你必须自己找出这个体系的运作原理。当你理解了这个体系的本质和意义，形象本身就会再造形象——那时的形象——不仅是你意识到呈现于人前的，而且还存在于内心深处，是两种形象的叠加。我希望这个问题讲清楚了。

我们必须深入探讨并发现如何构画形象，以及是否可以终止构画形象的体系。只有当人与人真正开始交往——交往关系才不再仅存于两个固定不变的形象之间，这点很容易理解。

12. 思考者，即"自我"是形象的制造者

你奉承我，尊重我；透过或侮辱或逢迎的话，我构画出关于你的形象。在心里，我还构画了一个形象，那个形象不是我，也不是用来说明和我有什么不同；它所构画的是作为思考者的"自我"。通过回应和互动——在身体、心理、智力等方面——这个思考者、观察者、体验者，通过记忆和思想构画出形象，那个体系就是思维，思维借助思想运转。思想很必要；否则，你就不可能存在。

13. 思考在日常生活中自有恰当的位置

我们先来看看这个问题。思想创造了思考者。思考者如此构画关于自己的形象：他是印度教中的宇宙灵魂，他是上帝，他是心灵导师，他是婆罗门，他是非婆罗门，他是穆斯林信徒，他是印度教追随者……由此，思考可以看成是这个体系的起点。你会问，"我怎么能停止思考"？你无法停止，但是人能思考问题却不能构画形象。

14. 对彼此各有评判则无法开展交往

于是，我们开始认识到交往关系实际上大都建立在这种形象之上——业已存在或正在形成的，我们所建立的或希望建立的交往关系都在两个形象之间。当然，在两个形象之间并不存在真正的交往。如果你我对各自都做了评判，又怎能开始交往呢？只有忘却这个形象，不再构画形象，冲突才能停止，完全停止。这样，平静才会现于言表，安宁才会占据灵魂深处。也唯有这样，心灵才能获得自由，走得深远。

只有当心头不再萦绕冲突，我们才能享受到自由。冲突总是令大多数人困扰，除非死去，否则它不会停止。你自认为支持或痴迷于某项事业，相信某个承诺，信奉某些哲学观点，追随某个派别或信仰——你如此热衷，简直着了魔，仿佛生活在梦里。多数人的生活中都是冲突迭现，而只有冲突停止，自由才会来临。心头有冲突萦绕，人便无法享有自由——无论怎样追求或渴望，都不会拥有。

因此，交往意味着终结那个构画形象的体系，随着旧体系的终结和正确体系的建立，冲突自然会结束。

第三部分

生活的目的是什么?

第 *14* 章　什么是生活?

1. 生活的目的是什么?

当讨论何为生活的目的时,我们必须弄清所谓的生活和目的到底指什么——不只是字典提供的解释,还包括我们赋予这些词的含义。生活包括日常行为、每天所思考和感受到的。生活意味着挣扎、痛苦、焦虑、欺骗、担忧,以及办公室、生意场和政府机关的日常事务等,所有这些都是生活。生活不仅指我们意识到的某部分或某个层面的事情,还指生存的全过程,包括我们如何与人打交道,如何处理事情,如何对待观念,这些都属于我们所说的生活——实实在在。

如果以上是我们所指的生活,那么,生活有什么目的吗?或者说是因为我们不懂生活的方式——每日体验的痛苦、焦虑、恐惧、野心、贪婪——因为不懂这些每天都经历的事情,所以才需要一种或遥不可及或伸手可触的生活目的吗?

2. 我们为什么需要目的？

我们需要一个目的，以指引我们朝着既定的目标前进。显然，那是目的所指的含义。但是，如果我们知道该怎样生活，那么单就生活本身而言就足够了，不是吗？生活一定要有目的吗？如果我爱你，或者与他人相爱，爱本身还不够吗？还需要目的吗？当然，如果我们懵懂无知或者想借某种行为成就某项预期结果，我们还是需要目的。

毕竟，大多数人都在追求一种生活方式和行为模式。我们或者艳羡他人，回望过去，或者试图凭借个人体验将它找到。当我们指望从经历中找寻某种行为模式时，我们发现经历都是受限的，不是吗？不论一个人多么见多识广，除非曾有的经历能够免于社会制约，否则，任何新的经历都是在进一步增加当事人对过去束缚的体会。这个事实值得我们去探讨。

如果我们指望从另一个人，指望从过去、大师、理想化的事物和榜样那里获取行为模式，就好比强行在模具中注入超凡的生命活力并将其重塑成特殊形状一样，我们生命中的灵动、力度和富有也会随之消失殆尽。

3. 欲发现生活目的，必先除却个人偏见

如果生活确有目的，我们必须明确找出这个目的到底是什么。你可能认为生活的目的在于发现真理，接近上帝，或者得到你想要的。但为了实现这一目的，你必须了解这一目的，意识到目的的存在，知道目的

的标准、深度和意义。我们能自己认识真理吗？换言之，我们只能通过其他权威人物才能认识真理吗？当你不知真理为何物时，能说生活的目的是为了发现真理吗？真理是未知的，寻找未知必先摆脱已知。如果头脑被已知所占据和负累，那只能根据自身所受的约束和局限进行衡量，因此也就无从了解未知了，对吧？

我们试着讨论并发现生活是否有目的，那个目的是否可以衡量。衡量目的只能根据已知和过去；而当据此衡量时，人难免从个人爱憎出发，由此得出的目的受限于个人的欲望，因此并非真正的目的。要了解生活的目的，必须除却个人的偏见、需求和欲望——否则你将无法判断。所以，标准反映的是思想禁锢，是个人所受训练的结果。人主观决定生活的目的，但那未必是真正的目的，因为它产生于个人需求，所以它当然不是目的。若要发现目的，头脑必须摆脱标准的束缚——否则，你只是在推断个人的需求。当然，这也不是简单的推理，如果你想深究此事，也会发现它的意义。

4. 心灵自由方可发现真理

毕竟，我是根据个人的偏见、需求、欲望和预言来确定生活目的的。目的源自个人欲望。当然，那并非真正的目的。去发现生活的目的，把头脑先从所受的束缚中解脱再去探寻目的，这两件事哪个更重要呢？或许当头脑从所受的束缚中解脱出来后，那份自由本身就成了目的。因为，人毕竟只有在自由中，才能发现真理。

因此，首要前提是自由，而不是追求生活的目的。没有自由，人显然无法发现生活的目的；如果没有从个人卑下琐屑的需求、追求、野心、嫉妒和邪念中解脱——没能从中解脱，人怎么可能去探寻或发现生活的真正目的呢？

5. 是否只想逃避苦痛，并非了解人际关系？

若要探明目的，我们首先应找出所用的方法能否帮我们看透生活的变迁和复杂的人心，这点很重要，因为，我们所能做的也只是调整心理以适应自己的需求而已。如果所用的方法源自个人卑下的欲望，是我们调和各种经历、担忧、焦虑和邪念的结果，它能帮我们发现真理吗？因此，如果去探寻生活的目的，你首先必须弄清楚探寻者是否有能力理解或者发现目的。我并非在给你设置障碍，这的确是我们探寻生活目的所暗含的用意。若要发问，我们首先一定要弄明白自己作为提问者、探寻者能否理解该问题。

当讨论生活的目的时，我们知道生活是指人际交往那种极其复杂的状态，没有那种状态生活则无从谈起。如果我们不了解生活的全部意义，生活的万千变幻和各种影响，那探寻目的又有何益？如果不理解彼此的交往关系，不懂得该怎样处理财产和不同的观点，又怎能去探究目的？毕竟，发现真理、上帝或者想要的东西，我们首先必须了解自己的存在，了解周围人和自己的生活；否则，探寻目的就成了逃离日常琐事的一种手段。对于平日的生活，如果我们大都不了解，都感觉索然乏味，充满痛苦、焦虑，我们当然就会说："看在上帝的份上，告诉我们该如何逃离这样的生活吧。"为了逃避生活的苦痛，我们大多数人都想尝试一种让我们昏昏入睡的灵药。

6. 是想了解生活，还是逃离生活？

　　深入观察，我们发现生活是满眼混乱、一片狼藉，且令人悲伤、痛苦。我们越是敏感，就越能感受到那种绝望、焦躁和罪恶感。由于找不到出口，自然也就想逃离，想逃入其他领域，尝试做其他事情，却仍不知该如何从混乱中脱身。我们徜徉于音乐、艺术和文学，但那只是一种逃避；它跟我们所追求的相比没什么实际意义。所有逃避方式都是相似的，不论是去教堂做礼拜、追随上帝或救世主，还是服用饮料或各类药品。因此，我们不但必须理解自己在追求什么，为什么追求，还必须了解我们为什么需要这种深刻而持久的体验。其实，就头脑本身来说，它根本没做任何追求，也不需要以任何形式存在的任何经历，但是，它却能钻研一个新的领域，将问题探讨至不同的深度。我希望，通过今晚的探讨，我们可以解开这个疑问。

　　生命就其自身而言是肤浅和不足的。我们需要其他一些东西，一种更伟大且更深刻的体验。然而，我们吃惊地发现人竟然是相互孤立的。我们做的所有事情、所有思维和行动都在导向这种隔绝——这份我们人人都想摆脱的孤独。

第 *15* 章　你与自然界、动物和整个地球的关系

1. 你与大自然是什么关系？

我不知道是否你已经发现自己与大自然的关系。不存在恰当的交往关系，只有对交往的不同理解。交往恰当只是意味着接受了某种程式，好比正确的观点。观点正确和思想正确是两码事。观点正确仅是与正确和值得尊敬的事物相符合，但是思想正确是运动，是理解的产物，理解力总要历经修正和改变。

与此类似，恰当的交往关系和我们与大自然的关系也是不同的。你同大自然是什么关系？自然界有河流、树木、疾飞的鸟儿、水中的鱼儿、地下矿藏、瀑布和浅塘。你同它们的关系是什么？对此，我们大多没有关注到。

我们从没仔细观察过一棵树，或者即使观察了，也是带着要使用这棵树的目——或者在树下纳凉或者砍树取材。换言之，我们观察树木都带着实用目的；如果不是身在其中并为了自己的方便，我们从不屑于去观察一棵树。在对待地球和地球资源方面，我们也是如此。对于地球，我们没有爱，只有利用。如果真的热爱地球，我们自会节俭地使用地球

的资源。也就是说，如果要去理解人类与地球的关系，我们应该非常谨慎地使用我们取之于地球的资源。理解人与自然的关系如同理解自己与邻居、妻子和孩子的关系，都是很难的事情。但是，我们从未思索过这一问题，从未坐下来看看星辰、明月和树木。我们都太忙于社交和政务了。显然，这些事情是自我解脱的途径，但崇拜大自然也是自我开脱的方式。我们经常利用大自然，或是用以解脱或是为了使用——实际上却从未停下来去爱这个地球或地球上的物产。尽管我们使用这些物产来吃饭、穿衣，却从未欣赏过这个美丽家园。我们从不喜欢用双手在地球上耕作——我们以用双手劳动为耻。但是，若你用双手在地球上劳作，神奇的事情定会发生。

2. 我们与大自然的关系已不再和谐

我们和大自然的关系已不再和谐。如果我们曾经理解那种和谐共处的关系，理解那种关系的意义，就不会把财产划分成你的、我的；尽管在拥有的地皮上可能盖起了房屋，但这块地将不再独属你的、我的——而在更多意义上是指藏身之所。因为不热爱地球和地球资源，只想着万事为我所用，所以我们开始浑然不觉瀑布之美，与生活失去了联系，也从未悠闲地倚坐在树桩旁；自从不再热爱大自然，我们便不知道该如何去爱人类和动物了。

让我们沿街看看人们是如何对待小公牛的，它们的尾巴都走样了。你摇摇头说："看着都让人难受。"但是，人们已经丧失了那股柔肠，丢失了敏感,对美好事物变得麻木无知;要理解什么是真正的交往,我们必须重拾那份敏感。敏感不会仅仅因为悬挂了几幅图片或画了一棵树或在发际间别了几朵小花就能产生;只有摒弃实用主义的人生观,人才能敏感起来。这不意味着你不能使用地球,而是你必须按照规则来使用地球。

3. 这是我们的世界——不是你的或我的

这是我们的世界,对吧?我们共同拥有它,地球不属于生意人,不属于穷人,也不属于任何共产主义者和资本主义者,它为我们所共有。我们在这个世界里生活、享受、寻开心,最重要的是找到一种感觉——一种真切的爱,你我之间的真感情,而非多愁善感。失却了那种感觉,我们工作只因有法律监督或者为了工资或政府——政府成为变相的老板——这样的工作意义甚微;而我们本人也只是成了受企业主或政府雇佣的雇员。

但是,当心头涌起"地球是属于我们的"这种感觉时,我们将不再有受人雇佣的感觉。虽说这种雇佣感没了,但却并未体会到"地球是我们所共有"的感觉;每个人都在为自己而活;每个民族、团体、政党、宗教也都是为了各自的利益而存在。我们是生活在这个地球的人类;地球需要人类珍惜、创造和照顾。我们在彼此缺乏真爱的前提下想创造一个新世界,为此,不得不想方设法制造体验——共享利润、强制工作、按劳资协议支付工资、制定法规和要求,为此不得不变着花样地强迫、劝说……

　　名目之多，令人眼花缭乱。但是，如果不能超脱世俗，建立起"地球是我们人类共有家园"的这种感觉，仅凭法规、要求或劝说只会造成进一步的破坏和痛苦。

4．政治变革不能保证人类共享地球资源，必须掀起心灵的革命

　　为了能平均分配食物、衣物和住所，有必要建立一个完全不同的社会组织，不是吗？不同的民族和他们的主权政府、权力机构和自相矛盾的经济体系以及等级制度和有组织的宗教组织——它们每一个都声称自己是解决问题的唯一真正途径。所有这些必须废止，也就是说必须废止这种认为生活是分等级、存在权威的态度……

　　这是彻底的心理变革，如果想让全世界的人都不再缺衣少食的话，这种变革是必不可少的。这个地球是我们的，不为英国人、俄罗斯人或者美国人独有，也不属于任何意识派别。我们同属人类，不分什么印度教徒、佛教徒、基督徒或穆斯林。

5．心中的爱和大地之美能化解所有问题

　　先生，看看你自己，看看那儿的叶子。看看夕阳西下的美景，看看

地球、小山、山坡、流水的美；看看一颗善良、高雅心灵的美，看看面庞之美、微笑之美。这些美都被你忽视了，因为你将美与享乐相联系，而享乐又跟性和所谓的爱联系在一起。

那绝对不是美丽。美丽不仅仅只与享乐有关。要理解美丽，人必须头脑非常简单才行——也就是说，头脑保持清醒的状态，不被任何思想搅扰，这样才能看到事情的本质，欣赏落日时才能看到所有色彩，美丽和光辉，才能单纯地看落日，与落日交流时无须言语，没有口头评价，没有手舞足蹈，没有浮想联翩。简言之，在欣赏那番美景时，你处在"无我"的状态中。

那种不存在思考者、思想、事物和体验的超然物外的融合之感，那种空间无限广袤之感——就是美，也是爱。没有爱，无论你做或参与什么工作——做社工，参与社会改革，进国会政府或者娶妻生子都找不到处理问题的方法。心中有爱，就可以按心愿做事。心中有爱，就会有美德，有谦卑。

6. 透过宰杀动物看世界

现在来谈谈屠杀问题——不仅仅是为获得食物而屠杀动物的问题。人并不会因为不吃肉就善良，也不会因为吃肉就不善良。卑微小人的上帝也是卑微的，其卑微之处通过践踏花草于脚下的事就能体现。比这更严重的问题还有很多，包括发生在人类身外和内心许多看似独立的问题。先生们，屠杀真的是一个重大而复杂的问题……

涂炭生灵的手段有很多种，对吧？有因一句话或一个手势就被杀的，有因恐惧和愤怒而杀人的，有为了捍卫国家和理念而杀人的，也有为一项有关经济的条款或宗教信仰而杀人的……

通过散播流言、诋毁或轻贱对方，你可能仅用一句话、一个手势就坏了他的名声，甚至彻底毁了他。人比人也能毁掉一个人吗？如果你把一个男孩同另一个更加聪明而有特长的男孩相提并论，会不会就此毁了那个男孩？出于仇视和愤怒而杀人被认为是一种犯罪，会处以死刑。然而，一个以捍卫祖国之名而炸死成千上万人的人则被视为一位英雄。杀戮存在于世界的各个角落。为了整个民族的安全和版图扩张，很可能要毁灭另一个民族。

人类宰杀动物是为了得到食物，获取利润，或者为了所谓的体育竞技；动物因为人类的幸福而被活活地宰杀。招募士兵是为了杀敌；科技高速发展，在几秒钟内实施远距离大批杀伤在现今已成为可能。许多科学家全身心投入这项研究，牧师们也为轰炸机和战舰祈祷。为了填饱肚子，我们吃掉了圆白菜和胡萝卜，但同时也杀死了害虫。凡此种种，我们到底该如何界定哪些该杀，哪些不该杀呢？……

因此，我们此处谈论的不仅仅是杀不杀动物的问题，而是残忍和仇恨在这个世界和在我们每个人的内心都在不停积聚的问题……

7. 让自己融入整体

那日午后，阳光洒在草坪上，洒在周围那些高大而枝繁叶茂的树上，你满眼绿意，一派肃穆景象中不夹一丝风声。带着固有的成见和内心坚守的信念，你双眼掠过眼前的景色，脑子里不停地想着你在回家的路上是否会被雨淋湿，你感觉好像冒犯了什么，在哪儿不受欢迎；但很快你就融入其中，融入那份令人迷醉的幽静之中。听不到鸟儿的鸣叫，空气完全静止，树梢在蓝天的映衬下纹丝不动。浓密苍翠的绿草坪俨然世界的一个中心，你选择其间的一块岩石坐下，便融入了那个中心。这并非虚构，虚构是愚蠢行为。你来到了这个中心，不是尝试认同这样开阔而美丽的佳境——认同毫无用处。不是尝试在大自然如此原始的静谧中忘记或放弃自我——所有忘我式放弃都是无知。不是单纯的震惊或冲动——所有冲动都是抗拒真实。你什么都不必做，只让自己或帮助自己融入这个整体。但是，你只是一部分而已，是那绿色草坪、坚硬岩石、蔚蓝天空和静谧树林的一部分，仅此而已。

可能，你记住了这道风景，但并未将自己融入其中；可是，你若转身离去，这番美景则再也无处可觅。

第16章 上帝、宇宙和未知

1. 什么是宗教思维？

宗教思维与信仰宗教和每天、每周都去教堂不同；宗教思维不相信教义，也不受限于教条和迷信思想。宗教思维是真正的科学思维——体现为能认清事实，不扭曲事实，客观看待事实，不受成长环境束缚，不轻信，能理智看待自己，认识到除非能完全脱离社会心理结构——唯"我"独尊的心理——否则不会有天真的心态，若没有这种心态，人不可能笃信宗教。

2. 语言和信仰都与上帝无关

宗教思维不是碎片化的，它不把生活切割成块。宗教思维能理解生活的全部——生活的忧伤、痛苦，生活的欢乐和稍纵即逝的幸福。由于能完全摆脱野心、贪婪、妒忌、竞争和更多欲求的束缚，宗教思维是一种天真的心理状态；人要突破自身局限，也必须具备这种心态，仅相信自己能够突破或假想上帝如何如何是不行的。

上帝，只是个指代的词而已；你所认为的上帝并不是上帝。到底有没有被你称作上帝的上帝，你还得自己去发现。所有口头阐释和表述，所有的观念及思想都是对记忆的一种呼应，必须彻底忘记。只有这样你才会进入天真的状态，才会避免自我欺骗、思想贫乏，避免渴望给予结果；然后就能发现何为真实。

你不能用衣物盛装海水，或者用拳头捕捉风影，但是你能倾听暴风雨的低吟声和海水的怒吼声，还能感觉到风的威力、美妙和破坏力。为了成就新事物，你必须完全摧毁旧势力。

3．摆脱已知

你不可能谈论未知事物。任何语言和概念都不能把未知填入已知的框架。语言不是事件，事件可以目睹，无须语言描述。心怀天真地去看待事物极其困难。怀着爱心——怀着未曾被妒忌、仇恨、愤怒、依附和占有所玷污的爱心去处理事件，人必须完全摆脱这些阴暗心理。只有不被已知束缚，才可能领悟未知。

4. 冥想与颂歌、祈祷、仪式或药物所带给你的状态全然不同

重复话语、祈祷或吟唱印度教颂歌,这些只能催我们入眠,无法让我们进入冥想。一次次默念那些词语,如同大多数人一样,你会渐渐安然入睡。在昏昏欲睡中,你感觉仿佛进入一种超常状态,但那不是冥想,而是被话语施了催眠术,服用某些化学物品、饮料或其他方法也可以产生相同的效果;那种状态显然不是冥想。

冥想真的很奇妙,这件事你必须每天都做。但是,冥想与生活无法分开,你不能早晨做完之后在其他时间就忘掉——冥想也不能被记下来用于指导生活。

冥想是感悟到所有思想、感受和行为的结果,且这种感悟是在没有抱怨、判断和比较时形成的。你恰好看到了事物的真貌,这表明你在意识和潜意识里都非常清楚自己的处境……

冥想超越所有不成熟的想法。冥想是种意识状态,冥想时你关注所有的思想和感受;那份关注让你沉默——但不是默认纪律和约束。纪律和约束导致的沉默是对衰败和死亡的无声抗议。在冥想中,人自然而然、很容易就变得沉默,在全神贯注中,体验者、观察者和思考者融为一体。这种沉默是纯粹的天真,在沉默中——没有诱惑,没有追问——未知的可能就会被领悟。

5. 生活没有答案

生活不提供答案,它只包含一件事、一个问题——那就是生活本身。一个全身心拥抱生活的人,每时每刻都会自觉而客观地看待事物真貌。他们能够深刻洞察自己,做事不求答案,不问目的,也不设法从中解脱。不了解自己,探问答案也是枉然,因为答案总是令人满意,让人感激。对于我们大多数人来说,有谁不想让人感激,有谁不想去一个安全而且不受打扰的地方?只要我们还在追寻,就难免受到打扰。

6. 真理乞求不来

祈祷显然是一种意志行为;你期求,你乞求,你请求;由于感到困惑、难过,不堪折磨,你祈求被给予知识和安逸,生活果真变得安逸。通常,求者都会如愿以偿,但所得之物却常常并非真相。真相乞求不来。若要发现真相,你千万不要用请求的方式;这时,真相一定会走向你。但是,我们都习惯乞求,贪图安逸,追求安宁……

7. 进入超我状态并非冥想

想着超越自我就无法冥想。冥想要意识到思维的运行状况——作为冥想者的思维,思维如何被分成冥想者和冥想、思考者和思想,以及思考者如何支配、控制和塑造思想。

在众人当中，一旦有思考者跳出思想的包围，他的理念就会变成超我、崇高自我、生命本原，或你愿意接受的理论，但那仍然属于冥想者的思维范畴。意识到思想如潮涌来，无法恒定，冥想者便将思考者的理念永恒化，由此创立了固定的、绝对的和无限的生命本原理论。

8. 停止思考，让大脑保持空白

所以，训练思维和树立美德并不重要；这与为了接受传统思想而必须清空大脑是两码事。要接受某种理念，如生命本原论，大脑必须纯净如白纸。

无法测知的我们只能等待它自行显现，强求没用，只要不再要求、祈祷、请求和乞求，只要当头脑处于自由状态、摆脱了思想束缚，未知事物就会逐渐清晰。停止思考是进入冥想的方法。为了探索未知，必须抛弃已知。

这就是冥想，这种状态即使借助技巧和训练也无法进入。训练、纪律、压制、否认、牺牲只能强化体验，增强体验者的自控力，但自控力也是扼杀人的工具。为了获得快乐——那份难以追寻，只有在沉静和自由状态下才能体验到的快乐，我们必须同时放弃体验和体验者的身份。

9. 冥想绝非仅仅属于几个人，人人皆可进入

作为人类一员，人人都有能力去探索和发现，这整个探索过程就是冥想。冥想就是探索如何进入冥想的状态……我们不害怕未知，却担心放手已知。人只有任已知逝去，才能从中获得真正的自由，才可能产生新的冲动。

10. 我们无法俘获和控制上帝

你想抓住上帝并把他放在熟悉的"笼子"里，放在被你称为寺院、圣书、导师和体系的"笼子"里，这样你才感觉满意，你认为这样是虔诚之举，但事实并非如此。

11. 人人都有责任接近上帝

一个虔诚信教的人并不追随上帝。他关注的是社会变革，也是他自己的变革。虔诚信教并非经常参加宗教仪式、遵从传统习俗，因循过去的文化，也并不总是阐释圣书、吟唱颂歌，或者远离尘世——那样做的人并非虔诚信教，他其实是在逃避事实。

一个虔诚信教的人全情专注于理解这个社会，也是理解他自己。他从未脱离社会。彻底改变内心意味着完全去除贪婪、妒忌和野心；尽管

他是环境的产物，但这样一来他就不会再依赖环境——包括他所吃的食物，所读的书，常去的影院，所信奉的教义、观念、仪式及与之相关的事情。为了履行自己的职责，一个虔诚信教的人必须了解自己，了解到他就是自己所创造社会的产物。

因此，为发现真实，人必须从身边做起，而不用去寺院，或膜拜某个形象——不管这个形象是实际存在的，还是想象的。否则，人不可能发现新事物、进入新状态！

12. 宗教是感受到美德

你知道什么是宗教吗？宗教不在吟唱圣歌之间，不在举行印度教礼拜或者其他任何仪式之时，宗教不是崇拜锡制的神像或石像，宗教不在寺庙或教堂里，不在诵读《圣经》或其他圣书之际，亦不在重复那些神圣的名字或者在人类自己编造的诸多迷信里。所有这些都不是宗教。

宗教能感受到美德，那份爱如同溪流，生生不息，奔流不止。在那种状态下，你能感受到这样的时刻：你根本不再追求什么；停止追求即意味着某个全新事物的降临。

追求上帝、真理和全然美好的感觉——不是培养美德和谦卑，而是在追求的过程中超越虚构和幻觉，这表明你对那件事产生了感情，你活在其中，成为它的一部分——这样做才是在真正追求宗教。但是，若要真正发现宗教，你必须离开自掘的小池塘，全力以赴地汇入生命的大河。

这样一来，生命中就会惊现关爱你的方式，你根本不必刻意关爱什么。你随遇而安,因为你成为生活的一部分;那时,你将不再有安全感是否存在的困惑,也没有此话当不当说的顾虑,生命从此将美丽绽放。